문학과지성 시인선 190

처형극장

강정 시집

문학과지성사에서 펴낸 강정의 시집

키스(2008)

문학과지성 시인선 190
처형극장

초판 1쇄 발행 1996년 12월 10일
초판 5쇄 발행 2025년 2월 7일

지 은 이 강정
펴 낸 이 이광호
펴 낸 곳 ㈜문학과지성사
등록번호 제1993-000098호
주   소 04034 서울 마포구 잔다리로7길 18(서교동 377-20)
전   화 02)338-7224
팩   스 02)323-4180(편집) 02)338-7221(영업)
전자우편 moonji@moonji.com
홈페이지 www.moonji.com

ⓒ 강정, 1996. Printed in Seoul, Korea

ISBN 978-89-320-0865-3 02810

이 책의 판권은 지은이와 ㈜**문학과지성사**에 있습니다.
양측의 서면 동의 없는 무단 전재 및 복제를 금합니다.

문학과지성 시인선 190
처형극장
강 정

1996

自 序

내가 한때 몸과 마음을 내주고
그 안에서 행복하고자 했던 것들에 대한
치떨림.
돌이켜서 하나하나 발자국을 지우다보니
이렇듯 요망한 거짓말의 아우성밖에 남지
않음.

피와 살의 찌꺼기라고도 부르지 못할
이 허튼 몸부림의 궤적을 으깨어다오.
한번도 믿어보지 않은 하늘아, 땅아.

1996년 겨울
강 정

처형극장

차 례

▨ 自 序

아름다운 凶兆 / 11
불안스런 것들 / 12
극 장 / 14
선동하는, 선동시키지 못하는 詩 / 16
목련아, 목련아, 목련아 / 18
寸劇의 형태 / 20
프란츠 리스트 / 22
이런 우주를 말하라 / 24
오렌지 혁명 / 28
시간의 얼굴 / 30
우 우 / 32
失 踪 / 35
音樂家 / 38
배가 흔들린다 / 40
당신을 만난 이후로 / 42
不二 —— 영화 이야기 / 44
갈가마귀 / 46
거리의 악사 / 50
기타리스트가 죽다 / 52
서기 2001년 아침, 나는 외출하지 않았다 / 54
아름다운 敵 / 57

나의 음악이 나를 / 58
구멍에 대하여 / 60
I'm Waiting for the Man / 63
갇힌 雪景 / 66
죽음의 손의 繪畵 / 68
귀머거리 聖者 / 70
배우는 퇴장할 줄 모르고 / 72
處刑劇場 / 74
4월의 詩 / 76
기 도 / 78
벽과 벽 사이 / 80
잘 써지지 않는, 쓰고 싶지 않은 시 / 82
넌 뭐냐?! ?냐, !냐 / 84
시간아, 너 갈 데 있니? / 86
춤 / 88
토요일 / 90
새 / 92
새들에게 띄우는 마지막 傳言 / 94
焦土에서 / 96
고양아, 더 이상 야옹거리지 않아도…… / 112
나는 죽어야 한다 / 114
나를, 그대는 / 116
地下生活者의 詩 / 118
새 벽 / 120
기억 속의 그 정신병자는 아직도 / 124
그 목숨의 시월 / 126

항　구 / 129
죽은 바다 / 132
이런 還生을 꿈꾼다 / 134
오　오 / 136
너를 죽인 후, 다시 바다 / 138

▨ 해설 • 자궁과 죽음의 시학 • 장은수 / 140

아름다운 凶兆

알고 있나요?

복음서의 뒷장을 열고 밤마다
神들이 도망다녀요
세상 어둔 습지에서 늙는 짐승들과
알몸으로 뒹굴어요
신의 사랑, 짐승의 사랑으로
해골들이 입을 열죠
골 속의 텅 빈 어둠의 말을 하죠
어둠의 분말들이 일제히 흩어져 울리는
높푸른 종소리를 좇아 올라가요
아, 지옥이 거기 있어요
무너져 아름다운 핏물을 뿌리며
빛덩이가 채찍처럼 일렁여요
내 몸의 어떤 상처를 당신에게 후려드릴까요?
비명도 절규도 잃어버린 당신들
목 메인 罪의 출구 같은
입술을 향하여

불안스런 것들

파도가 바위를 으깨지 못하는 게 이상하다
바위가 바닷속 물고기로 태어나지 않는 게 이상하다
봄밤을 건너뛰는 바람이 여름에도 죽지 않는 게
이상하다 정말 이상하다 수천 번 죽음을 노래했건만
내가 아직 살아 있는 게 이상하다

비린 물고기의 살덩이를 나는 좋아한다
역한 감각을 발산하는 것들에 나는 내 고통을 교통시킨다
나는 아프지 않다 내가 아프다고 느낄 때조차 나는
아프지 않다 내가 아플 때 내 몸은 물고기들 아가미 속에서
아파하는 나를 멀뚱멀뚱 쳐다본다 쟤, 정말 아픈 걸까?

뚝뚝 부러지는 세상의 근골을 나는 읽는다
제 몸이 떼어져나가도 아픈 걸 모르는 죽은 짐승들의
백색의 유언을 듣는다 누구든 날 먹어 제 살을 불

리는 족속들을
 미워하지 않으려 한다 세상은 아프다 아픈 걸 모른 척하기에
 더 아프다 모른다는 게 너무나 잘 아는 것이라는 걸 모르기에 더더 아프다

 나는 기다린다 폭풍이 몰아쳐 의연한 바윗돌들의 뒷다리를
 물어뜯기를, 나는 기다린다 이상하게도 나는 기다린다 기다릴 게
 아무것도 없는데 기다리는 나는 참 이상하다 세상의 하복부를 적시는
 빗물 속에서 나는 기다리는데 정말 이상하다 완전히 허물어졌는데
 내 시가 파멸을 상정하지 않다니? 내 기다림은 불안일까?

극 장

 당신은 어디 있나요? 어둠 속에서 푸른 넋 게워내며 조용히 살아 있을 당신, 오래 울어 새하얘진 목젖 내어 말리던 그 까마귀들은 어느 하늘가 깊은 구멍 속에서 죽음을 껴입고 있을까요? 삶이 부실하다고 느낄 때마다 낡은 커튼처럼 드리워지던 그들의 울음 소리, 지금도 들립니다 언젠가 건너왔던 저 둥글고 흰 눈 뜬 내 육신의 친우들, 어둔 장막 건너 저만치 떠밀려가는 강줄기의 포말들 사이로

 내가 서 있는 곳은 강물이 홍해처럼 쓸려나간 어느 뻘밭, 당신을 부르려면 먼저 입부터 열어야 합니다 한때는 지상의 모든 곡식들과 여인들의 헌신을 갈구하던 그 불결한 구멍을 말이지요 나의 구멍 속에는 어쩌면 당신의 뵈지 않는 망령이 숨쉬고 있을지도 모르고, 다급한 가슴이 식도를 타고 올라 하나의 물건 같은 인간을 뱉어내면 그건 죽어버린 나이거나 되살아난 당신이거나…… 하지만 눈 번득이며 쳐다보는 저 강줄기 속의 종족들은 모를 테지요 한 명의 인간이 그 자신의 망령과 함께 죽음을 實演하고 있다는 사실을, 물과 빛들이 뒤엉키는 강가에선 오직 부실한

안개 몇 조각만이 위대할 뿐이라는 걸……

 까마귀들이 강가에서 몰살당했다는 따위의 소문은 믿지 마십시오 당신과 나의 슬픈 결합은 언제든지 수천수백 마리의 까마귀들을 낳을 수 있을 테니까요 커튼이란 쉽사리 찢어질 수 있기에 아름다운 물건이지요
 저만치 털 뽑힌 어린 새떼들이 술 취한 아버지들을 실어 나르고 있습니다

선동하는, 선동시키지 못하는 詩

　아버지가 외출하셨다, 나는 자유다
　수년 전 전화번호부를 뒤적거린다
　이제는 엄마가 된 계집들 불러모아 떼씹을 벌이리라
　민둥머리 무덤가 지키는 수호 석상처럼 내 살에 누런 이끼 키우리라
　동양 전통에 빛나는 얼룩배기 사생아를 낳으리라
　나는 이럴 때 巨像보다 느리게 무너지는 내 자지를 찬양한다
　죽어도 좋아, 한 년이 꿍얼거린다 나는 죽었다
　나는 죽을 것이다 만국의 아낙들이여, 나는 이미 죽어버렸네
　무덤 가에서 죽다니, 그건 그 어떤 출생보다 끔찍한 생성은 아닌가
　칼을 물고 쓰러지는 도굴꾼의 자손이고 싶은 나다
　아버지는 집을 짓는 목수셨다 세상 모든 집들을 나는
　아버지라고 불렀다 아버지는 어디에도 안 계셨다 모든 집에
　아버지는 계셨다 나는 자유다, 내가 외칠 때 아버지는 내 머리 위에 계셨다
　계시지 않았다 세 살 내지 네 살바기 아들놈들을

버리고

  옛날 계집들이 내 거웃을 후빈다 죽은 식물의 즙액 같은 피를 핥는다

  우린 죽을 것이다 죽어야 돼, 죽을 수 있을까?

  새날이 올 때까지 새날이 갈 때까지

  나는 아버지가 없는 집을 지킨다 나는 그대로 아버지의 집을 떠받치는

  옹이 많은 서까래 한 토막이다 내 죽음 그대로 짜여진 관 그대로

목련아, 목련아, 목련아
—— '그대'에게

자색 이파리 몇 개 휘장처럼 내려진다
밤이 오기 직전, 나는 천 개의 사랑을 깨물고
버려지고 싶구나 돌 틈으로 흐르는 내 몸을
그 누구야, 낚아다오

빛이 내 화려한 안광 속으로 녹아든다
봄이 왔다 나는 적어도 만 번쯤 내 이름을 다시 부른다
만년의 세월을 나는 이 순간 죽이고 있다
온몸이 날개인 너를 유혹하려 내 이빨들이 빨간 불씨를 터뜨린다

비에 젖어도 살아남는 내 꽃들
너의 살 속에 너의 날개들을 휘어감고, 나는 숨는다
숨겨지지 않는다 만 번의 봄이 만 번씩 나를 다시 낳고
다시 나는 만 겹의 네 이파리 속을 헤집는다

어디에도 없다 너의 드센 눈빛 까마득한 기억의 전

쟁터
 네 꽃잎들이 찢기며 찢어진 꽃잎들 낱낱이
 내 만년 輪生의 틀 속에 숨는다 너무나 잘 숨겨지는 너
 이런 고백도 너는 내게 상처라고 할까?

 만년 동안 시들지 않는 이런 걸 나는 사랑이라고 했다
 너는 내 혀끝에 머무르지 않는 너는
 죽어 떠도는 어느 오랜 기억 위에 조용히 숨어 자란다
 내 흘린 피들이 빛의 채찍에 길들여진다 오랫동안 너는 나다, 목련아

寸劇의 형태

  나는 목매달고 있다 온 일생이 내 부동의 눈알 뒤에서
  춤춘다 나는 죽기 위해 목을 매달고 있다 정말 죽을 수 있을까?
  이건 다만 연극일 뿐이다 내 일생의 마침표로 나는 연극을
  택하지는 않는다 나는 연극 속에서 죽기를 원한다 연극은 내 정말 삶일 것이다

  몇 분, 아니 몇 시간이 지났는지도 모르겠다 잠시 후 나는
  죽을 것이라고 했을 때, 죽음은 더욱 요원해진다 삶이 몽환으로
  운명지어질 때, 죽음이 즉각 내 손에 잡힐 것 같을 때, 나는 쉽게
  죽지 못할 거라는 예감에 사로잡힌다 이건 광태의 능변이다, 실수 같은 詩

  나는 발 밑에 나무의자를 딛고 서서 무대 한가운데 목을 매달고 있다

파충류의 비늘처럼 조직적으로 나를 쳐다보는 관객들을 본다 첩첩산중의
 어둠이다, 날 밝으면 푸르르게 빛날 저 산 너머 평화로운 협곡의 줄기이다
 나는 곧 죽을 것이다 죽음에 대한 많은 생각들을 품고, 나는 못 죽을 것이다

 의자만 걷어차면 나는 죽을 것인데 아, 나는 왜 죽지 못하나?
 인생이 연극에 끼여들면 안 된다 연극을 망친다 바닥에 떨어진 술병처럼
 너무 많은 황홀의 즙액이 흐른다 눈썹 끝에 매달린 몇 방울의 땀, 나는
 죽음이 두려운 건 아니다 액체의 시간이 가로막는 눈을 뜨고 나는 연극 속에 살아 있다

프란츠 리스트

  모든 불안을 지우고 나면 너는 온다 어떻게 지울 것인가?
  北國의 흰 밤처럼 얼어붙은 나의 불안을 너는 두드린다 그 튼튼한
  떨림의 경치 속으로 나는 가두어진다 몇 개의 악절들이 여기
  내 방안에 펄럭인다 불안하다 계란처럼 불거지는 주제, 왜 불안한가?

  내 입술의 마른 켜들로 나는 너를 붙들 수 없다 갈 데까지 다 가보는
  너는 차고 건조한 걸 원한다 그 명백한 불가능성을 너에게 주겠다
  나는 마른 입술이 찢어져라 외친다 건조하고 차가운 피를 너는 원했으니
  내 갈라진 입술의 터진 무절제의 사랑을 너는 핥아라

  北國은 녹지 않는다 나의 뜨거운 불안을 너는 두드리고 이 밤은

끝끝내 하얗기만 하다 어떠한 사랑도 내 불안의 정경 속에선 둥지를
틀지 않는다 오랜 서적과 그 헤지지 않은 책갈피들의 단호한 가르침 사이로
너는 곧고 마른 소리들을 내지른다 나는 또 불안하다 망가지지 않으리라는 너의 독백

내 불안의 명확한 근원과 그 체계적인 역사를 구술하리라
내 낡은 침실의 공기를 너는 타주하라 국적과 역사가 끝나는 곳에서
난 네 죽은 얼굴을 볼는지도 모른다 불안은 나의 힘, 세세토록 제창될
불안의 언 밤을 나는 녹일 것이다 너 아니면 못 할 것을 내가, 불안스런 세기의 악절을

이런 우주를 말하라

TV에 가끔씩 방영되는 말론 브란도가 출연하는
영화를 언뜻 기억해본다 내가 아는 한, 그는 연기의 神이다
입 언저리가 삐딱하게 추켜올라가는 모양만 나는
기억할 뿐이지만 그의 눈에는 아마도 瞳孔이 없었던 것 같다
더빙된 한국 성우 목소리를 나는 기억해본다 담배를 연거푸
넉 대 정도 피우면 나는 그런 둔탁하면서도 묘연한 목소리를
흉내낼 수 있다 그래서 영화관이나 비디오로 그를 만나고 싶지 않다
그와 나의 거리를 나는 그때 발견할 뿐일 것이다
그는 국적 차이뿐만은 아닌 여러 개의 다른 소우주를 나와 함께
공유한다 나이차도 문제될 건 없다 그는 연기의 神이다 그는
우습게도 나를 연기할지도 모른다 나는 정말 아무것도 아니다
니가 뭔데? 하고 비꼬는 비아냥들과는 또 다르게,

그것들의 정반대에서
 나는 정말 아무것도 못 된다 우리 엄마의 딸의 두 번째 동생조차 나는 못 된다
 그리스 조각 같다는 그의 젊은 시절 얼굴을 좌우 비대칭으로
 흙반죽하듯 해버리면 적어도 내 치밀한 우울증만은 그가 복원시킬 수 있을 것이다
 그런 의미에서 그는 정말 神이다 그의 신경증적인 성욕조차
 많은 세기의 여배우들의 조울증세 주변에서 방목된다
 그리하여 그는 순진무구한 목자다 나는 감히 그를 사랑하지도,
 신봉하지도 못한다 진짜 神에게는 아무런 제자도 존재하지 않는다
 그의 언어와 나의 언어는 따라서 국가와 민족의 차이에서 구분되지 않는다
 그는 나의 번역된 시운율이다 나는 그의 가장 둔탁한 한국版 각운이다
 나는 무모하게도 담배 넉 대를 연거푸 피운다 숨이

가빠진다

 무언가 그가 읊조릴 만한 대사를 찾다가 나는 섬뜩, 죽음을 의식한다

 나는 그를 연기할 수 없다 이 우주라는 게 나를 낳은 게 아니다

 우주 속에 나는 갇혀 있다 더 넓은 우주로 이전되는 자유를 그는

 알고 있을까? 우주의 규모는 절대 평정의 원칙으로 파시즘을 선택하지 않는다

 붓다와 그리스도는 그 자체로 한 우주였을 수 있다 감염의 율법이여,

 나는 말론 브란도를 기억한다 기억되지 않는다 그는, 너무나 원시적인 그의

 아름다움은 너무 먼 미래로 나아가 있다 나는 내 수명이 그 그림자에도

 이르지 못함을 안다 담배 넉 대의 황홀 속에서 나는 받침을 지운

 한국말 몇 개를 웅얼거린다 절대적 副詞性의 극언을 토로한다

 그는 없다 그를 흉내내는 나도 없다 다들 어느 행

성의 이방인들과
  多生不死의 담론들을 지껄이고 있을 건가? 카, 카,
카,

오렌지 혁명

오렌지를 먹는다 그는 내 살이 한쪽이 문드러진
오렌지 껍질 같다고 한다 그만큼 나는 상큼하지는 않다
취향이 바뀔 적마다 나는 그를 바꾼다 쉽게 바꿀 수 있는 건
그 역시 쉽사리 나를 떠나주기 때문이다
우리는 서로의 등덜미를 보름 밤낮을 기른 손톱으로 긁는다
벗겨지지 않는다 껍질째 먹는 것에도 우리는 익숙하다
껍질째 먹으면 먹는 그 순간 그도 나도 없다 우리는 함께 죽는다
죽지 않는다 그는 다만 다 먹은 나를 껍질만 뱉어내고
뱃속 그득 그도 나도 아닌 이상한 여자아이 하나 품고 사라진다
다음날 아침이 온다 내 미망의 머리칼 사이에서 주렁주렁 오렌지들이 열린다
창밖 자동차들의 속도에 나는 귀를 기울인다
어디로 가는지 왜 가는지 묻는다 묻지 않는다 묻지

않아도 그들은
 곧잘 아름다운 쇳소리를 퉁기며 울어준다 울지 않는다 몇 대의 자동차가
 쿵, 하고 내 방문에 와 부딪힌다 가련한 호모 에피쿠로스 에피그램이여,
 요사이 對北 정책의 유아성이나 심상찮은 北의 동태에 대해서 그가
 어젯밤 말했던 게 떠오른다 대중의 무관심에 짓눌려 南과 北은 결단코
 전쟁을 못 일으키리라 전쟁보다 더 무서운 침묵이 한반도를 누르고 있다고
 나는 반문했다 그는 이미 없어진 후, 우스꽝스럽게 곤두선 내
 머리 다발이 창가에 삐죽삐죽 솟아 있었다 오렌지들이 그득 피어나 있었다
 방문을 열고 들어오는 여자아이 하나가 날더러 아버지랜다
 이런 제기랄, 이렇게 맥도 못 추고 다시 살아야 한다니

시간의 얼굴

한 번도 멈춰 마주치지 않던 그가
한 번 마주치면 영원히 다시 만날 수 없을 그가
순간마다 傷하는 뼈를 맞추고
쉴새없이 늑골을 갈아 끼우는 그의 얼굴이 문득,
저 비뚤은 가지 끝에 걸려 나를 보고 있다
비는 최초로 그의 얼굴을 벗겨
마지막으로 한 번 그를 드러나게 한다
빗물을 마시면서 그는 시종일관 표정을 바꾸지 않는다
무슨 말이 저 꾹 다문 입술 속에 들어 있는가?
그는 이 순간 죽어 있는 건지도 모른다 죽어서
아직 산 내 몇 개의 표정에 관여하며
그와 비슷하게 내가 죽기를 기다리고 있는 건지도 모른다
빗물에 흔들려 가지의 방향이 잠깐 바뀐다
그가 입을 여는 때가 바로 이 순간이다
처음의 가지의 위치에 가렸던 그의 患部가 얼핏 보이고
아직 나는 무언가 죽음을 위해 씻어내야 할 손이
남아 있을 거라고 생각한다

뼈들이 삐걱삐걱 이상한 말들을 지껄이기 시작하고
나는 다시 내 몸을 바꿔 전보다 더 나와 닮아진
그에게 접근한다
빗물의 극명하게 검은 눈동자가 조금씩 늙는 가지 끝에서
위태롭게 빛난다 나는 점점 그의 깊은 표정 속으로
허약한 기포처럼 빨려들어간다고 느낀다
할 일이 있다 그러나 그게 죽음이라는 소리는 아직 아닐 것이다

우 우

우우, 나는 개처럼 아름다운 일생을 꿈꿨다
태어날 때 다시 들어가고 싶은 자궁이 있었다고 기억된다
그건 일종의 신성 모독 같은 거라고 낡은 수첩들이 일깨워줬다
나는 그들을 버리고 혼자 자랐다
폴 베를렌이라는 戀敵을 만났다 그는 알려졌다시피
압생트 중독자이다 그는 손바닥만한 술잔들을 깨뜨리며 질 나쁜
피를 내게 먹였다 나는 내 아비의 피와 섞인 아르튀르 랭보를
읽었다 내 아비도 랭보도 나는 될 수 없었다
우우, 정말 나는 피를 말리며 죽는 개처럼 살고 싶었다

——보여? 아니 아직 안 보여! 얼마나 더 기다려야 돼?
——보이지 않는 게 보일 때까지! 보이는 게 뭔데?
——굶주린 개가 사람에게 혀를 낼름거리는 거! 이런 개 같은!!

우우, 어떻게 내가 개가 될 수 있을까?
직립보행의 유인원들을 나는 경멸한다 말도 못 하는
순종파 초식 동물들을 나는 경멸한다 수천 마디의 말로도 설득당하지 않는
수천만 마리의 인간들을 나는 경멸한다 설득당했으면서도 설득당하지
않은 체하는, 설득당한지 모르는 세간의 무차별적 공명정대함을
나는 경멸한다 피를 깨물고 내 피의 선친들과 그 당대의 흐르지 않는
역사를 나는 경멸한다 나는 경멸당한다 선택의 여지가 없다
우우, 나는 견강부회하는 순례의 뒷길로 흐르는 피의 숨결에
익사당하고 싶다 그 포근한 폭력의 다족류의 惡神이 되고 싶다
우우우우, 나는 정말 개이고 싶다 개 같은 인간이고 싶다

개한테 먹히는 단 한 명의 인간이고 싶은 것이다, 나는

 ──이제 보일 때가 되지 않았어? 아니 벌써 보였어!
 ──넌 무얼 봤길래? 굶주린 사람이 개한테 혀를 낼름거리는 거!
 ──그 사람이 누군데? 그 사람은 네가 찾는 그 사람, 바로 너인 사람!!

 멍멍멍멍

失 踪

　플루트를 배우리라, 나는 마음먹는다
　빗물에 희미하게 뒤섞인 보이지 않는 소리의 손들이 실어 나르는
　낡은 搖鈴 같은 사립학교 도서관 맨 끝자리에서
　나는 죽음보다 더 뚜렷한 내 삶의 다른 序文을 꾸미고 있다
　이리저리 거처를 상실한 꿈들이 매일 밤 새로운 빗물에 젖어,
　순간마다 죽는 그 젖은 몸들을 잃어버린다
　주민등록증, 집에 갈 여비, 몇 겹의 꾸깃꾸깃한 지폐처럼
　종적이 묘연해지는 詩들을 나는 다시 찾으려고 하지 않는다
　잃은 걸 찾지 않는다는 게 무언가, 나는 다시 플루트를 배우리라, 생각한다
　그 길다랗고 작은 몸은 소리를 뱉으면서, 다시 소리를 죽이는 것 같다
　소리가 엮는 그림이 없고, 나는 소리의 몸이오 라고 호소하는 일말의
　自我도 없는 것 같다 그래서 나는 플루트를 배우리

라, 내 여위고
 길쭉한 몸을 대롱 삼아 실눈의 탐색전을 전개하는 빗방울들의 치명적인
 敵이 되리라, 꿈꾼다 꿈꾼다는 게 숙취에서 깨는 첫 눈뜸처럼 무언가를
 삭히려, 삭혀서 지워버리려는 의지와 같은 것이라고 생각한다
 내가 플루트를 배우면 플루트는 나를 배울까? 내가 밟고 지나는 순간들은
 그 짧은 감식의 여운을 지우며 내 뒷덜미에 날아드는 매순간의 실족은
 아닌가, 나는 깨닫는다 깨달음의 방망이질에 얻어맞는다 얻어맞아도
 하나도 아프지 않은 그런 걸 나는 감히 내 죽었음의 實證이라고 우겨본다
 플루트를 배우리라 플루트의 작은 주둥이에서 빠져나오는 몸 없는 소리처럼
 나는, 죽지 않고 다만 지워지리라 서태지쯤 되는 누군가가 먼지 또는
 바람 같은 것으로 떠돌 내 넋을 붙들어 우리 모두

지워지자는 노래 하나
 만들어 부를지도 모르니까
 미래란 게 도대체 있기는 있을랴마는

音樂家

그는 피아노 뚜껑을 연다 극명하게 갈라진 삶의 棺들이 횡대로 일어선다 실내는 피아노 속의 수심보다 더 어둡고 어두울 뿐, 그는 갈고리 같은 손가락들을 흔들어 관들이 선 채로 입을 열게 한다 아직 죽어 있는 것들은 아니야 밭이랑처럼 열리는 관과 관 사이를 그의 침울한 목젖이 할퀴고 지난다 그때마다 죽은 척하고 있던 사위의 빛들이 컥컥 숨을 흘리며 진짜로 죽는다 눈감고서 세상을 읽는 건 知慧일까? 흔해빠진 呪文, 모데라토 칸타빌레, 어느 틈엔가 짙은 갯내 풍기는 바람이 도착한다 어둡게 쓰러져 죽은 바다와 실종된 敵들의 넋을 건너뛰어 은빛 물새의 자수가 박힌 투명한 드레스 차림으로, 죽음을 목전에 둔 어미새의 헐거운 육성이 또르르르, 관을 향해 부리를 박는 새끼새들의 성향마저 완성하며 죽는다 여기 새로 태어난 敵들이 있네, 흔들리던 관절들을 접으며 손끝에서 자라는 눈들이 속삭인다 그는 미처 삶이 여기에 있는 줄 몰랐던 걸 게다 덩그렁, 피아노 뚜껑을 닫으며 그가 벌떡 일어선다 한꺼번에 부서지는 이런 音들을 관 속의 삶들은 새롭게 익혀야만 할 것이다 그는 휩싸이는 바람에 망토 같은 턱시도를 부풀리며 옛날에 무너진 그의 집으로 간다 敵들이 새로운 사업을 전개하니 그 속에 향기롭게 發狂하는 어머니의 젖물이 넘칠 것이다 내가 미쳐 죽을 바다의 탯줄이

배가 흔들린다

 수시간 비를 맞았고 차갑지 않은 바람과
 가장 건실한 결혼을 꿈꾸는 내가 싸우고 있었다
 너는 거기 없지만 너를 닮은 어머니와, 두려움에 떠는 늙으신 어머니와,
 죽음처럼 살면서 죽음을 무서워하는 어머니가 있었다 나는 기뻤다
 어머니에게 아무것도 될 수 없는 나를, 죽고 싶어 하면서
 죽음을 쾌락하지 못하는, 너무나 젊고 여리게 늙어버린 나는
 너 없이 내가 죽을 수 있다는 세상이, 그 당연한 불평등을 나는
 무서웠지만 감내했고 배는, 다 늙어 바다에 사는 우리 가족의 슬픈 승리의
 독립 가옥으로 떠밀려가는 배는, 그러나 바다를 아는 것일까?
 나는 적어도 죽음 앞에 의연하다고 하지만 네 앞에서만 한없이 무너지고
 싶은 나는, 너를 떠나며 내가 죽는다는 게 무서웠다고, 나 죽는 건 정말

아무것도 아니라고, 기필코 그 말만은 전하려 살아나고 싶다고 끝끝내
 우긴다 배가 흔들리는 것과 내 체질의 불안정성을 빤한 등식으로 설명하고
 싶진 않은데 배는, 정말 아무것도 모르는 배는, 그저 제 능력과 한계를
 한꺼번에 과시하며 신나게 폭우 속을 헤엄쳐 달린다 일상 근심 모두
 아무것도 아니게 만드는 섬뜩한 망각의 도취 속으로 배는 흔들리고
 한마음 한뜻으로 공포에 떠는 50여 명의 승객들은 아, 정말 아무것도 아니다
 살을 떠는 만큼 몇 겹씩 그 두께를 넓히는 바다의 사생활, 배는 그저
 제 몫의 힘으로 힘차게 흔들릴 뿐이다 단지 네가 나와 함께 흔들리지 못하는 걸
 허락하지 않는다는 듯, 제 사랑의 안위에만 충실한 늙은 어머니처럼

당신을 만난 이후로

 그래서, 그 이후로 나는 병들어 있는가?

 당신을 처음 만났을 때, 하늘 가운데서 떨어진 바람이 돌덩이로 굳어 당신을 흉내냈어 예전부터 당신은 거기 있었지만, 그러나 그 첫 대면 이후 당신은 사라졌지 당신이 된 바람, 돌덩이가 된 당신의 모방자, 당신의 과거는 나의 미래야 지워져 알 수 없지만 알 수 없기에 신비로운 혼돈, 움직이지 않는 가면의 당신이지만 상상 속에서 나는 당신과 사랑을 나누지 한 편의 집약된 정물의 내용물 속을 헤집으며, 내 스스로 아름다운 전설과 복음을 전파하며…… 당신은 나의 시선 속에 지워지고 그 악덕한 시선이 만들어낸 당신의 환영 안에서 나는 나를 새롭게 만들지 내가 만든 당신의 가면과 이유 없이 전락하여 가면이 된 바람 한 줄기, 모든 죄들을 완성하면 그건 더없는 용서가 되겠지 병들지 않으면 살 수 없을 나, 완전한 죽음은 병 근처엔 다가오지 않아 치료받지 않으며 나는 모든 사소한 죽음들을 수락할 테야

 당신의 용서는 내 핏줄 속에 숨은 바람을 뽑아 하

늘로 되돌려 보내는 것, 살아서 죽음을 보여주는 것,

죽음을 살아낼 테야

不二——영화 이야기

 예수에게 길을 묻는다 표지판마다 매달린 십자가의 끝을 나는
 겨냥한다 내 눈알이 직통하는 먼 지평의 끝에서 나는 항상 출발한다
 사랑하는 여자를 만나다, 내 일생이 통과하는 여러 길들에 나는 그녀를
 묻는다 입관은 그녀의 순리이다 나는 그녀의 자궁 속에 나의 길을 관통시킨다

 여린 膜의 형성과 그 결정의 도취의 철학으로서 나는 영화를 선택한다
 거기에는 다행스럽게 나와 그를 연결하는 일말의 문도 없다 나와 그는 여러
 방식으로 피차 해로운 질서와 그 순응의 접근을 시도한다 고통은 기쁨이다, 그는
 말한다 기쁨은 지옥이다, 나는 말한다 결정적인 게 없다 그에게는 膜이, 거미줄 같은

 나에게는 더 들어갈 수 없는 膜이, 그와 나는 한 여자를 가운데 두고 섹스한다

내가 사랑하는 여자가 있다 그녀의 건조한 육체를 몇 방울 적실 때마다 나는 사랑의
　위대성을 깨닫는다 나 아닌 나로 만드는 것, 이건 그의 욕망과 비슷하다 내가 그가
　되는 것, 우리의 섹스는 새로운 膜을 계속 낳는 것이다 사랑하는 여자와, 짐승의 사랑을

　예수에게 길을 묻는다 그는 호주머니를 뒤적거린다 그는 내게 줄 수 없다
　나는 너무 많은 것을 그에게서 갈취한다 膜은 나와 그녀의 것이다 건조한 그녀 몸을
　적실 피를 짜낼 것이다 膜은 나의 몸이다 내 몸을 찢어 나는 그녀의 살이 되리 그가
　다가온다 膜은 그의 결정이다 나는 실수했다 결정적이다 내가 영화 속에 들어와버리다니

갈가마귀

>   일찍이 다른 친구들도 날아가버리곤 했으니까
>   날 밝으면 저 친구도 희망이 날아가버리듯 날 떠나겠지
>   ——에드가 앨런 포, 「까마귀」에서

나는 여자야, 두 개의 유방과 한 개의 자궁도 있지
여자인 나는 당연히 남자를 좋아하고 많은 남자들과
섹스를 나누는 건 더욱더 좋지 나는 매사에 적극적이지만
섹스만큼은 완전한 노예의 체위를 즐기지 밤마다 나는 창을
두 뼘 정도 열어놓고 잠이 들곤 해 나를 정복해줄, 그리하여
진정한 나의 노예가 될 남자를 기다리는 거지

그러다가 드디어 그날 밤이었어 바람이 심하게 불었어
살 끝까지 기어오르는 추위에 창문을 닫으려 했어

그런데,
 기어이 그가 거기 있었던 것 아니겠어? 두 팔과 두 다리가 온전한
 남자인 그가 전혀 인간은 아닌 것처럼 거기 있었어 밤은 유난히
 어두웠지만 불을 켜지 않은 내 방은 대낮처럼 밝았어 무슨 나이프 같은 걸
 그는 들고 있었어 나는 일순 겁에 질린 암탉처럼 주억주억 목을 움츠렸지

 "나는 빗방울이 떨어뜨린 하늘 한 조각이야" 그가 말했어 그러나 그건
 말이 아니었어 입술을 삐딱하게 다문 채로 그는
 어깨를 잠깐 으쓱, 했을 뿐이야 그런데 소리는 계속 들렸어 무슨
 계곡물 소리 같기도, 지글지글 끓는 장작불 타는 소리 같기도 한
 이상한 음악이 밤색의 카펫 위로 미끄러지고 있었어
 그가 천천히 내 목덜미를 움켜쥐었어 정말 감쪽같

이 폭우가
 쏟아지기 시작했어 그는 내 목 중앙에 수직으로 칼날을 그었어

 방안이 금세 벌겋게 물들기 시작했어 목에서는 쉴 새없이 핏물이
 흘러내렸어 하지만 하나도 고통스럽지 않았어 그는 옷을 모두
 벗어제쳤어 알몸으로 그는 핏물로 목욕을 하는 것 같았어 나는
 꼼짝 않고 선 채로 계속해서 핏물만 흘렸지 내 몸이 가볍게 허공으로
 떠오르는 듯한 기분이 들었어 달콤하게 졸음이 몰려들었지
 나는 수억천 년을 헤아리는 잠속으로 가라앉는다고 느꼈지
 핏물 속에서 그는 더 깊은 핏물 속으로 헤엄쳐 들어가고

 눈을 뜨니 말갛게 푸른 아침이었어 창문이 두 뼘

정도 열려 있었어
 그런데 무언가 감색 계통의 타원형의 물체가 창틀에 누워 있잖아
 나는 창가로 가서 그것을 주워들었어 부리 끝에 굳은 핏기를 머금은
 까마귀, 나는 찬장에서 과도를 꺼내었어 죽은 까마귀의 목 중앙을
 수직으로 그었지 우유처럼 허연 그의 피를 나는 보았어 식도 깊숙한 곳까지
 흰 피를 마시며 나는 창밖으로 얼굴을 내밀었어 말갛게 푸른 하늘,
 폭우가 쏟아졌음, 나는 바라고 있었어

거리의 악사

 용서하라, 나는 천재가 아니었다 침묵이 나를 만들었음을 알았을 때에도 아버지를 죽이지 못하였다 어둡고 무거운 피아노를 연주하지 못하였고 그것은 어둠과 무게의 탓이 아니었다 어둠의 무게를 견디지 못해 거리에 나가면 풍선처럼 가볍게 떠 있는 낮의 공간이 있었다 사람들은 어둠에 익숙지 못했다 나는 가슴에 동그란 어둠을 담은 기타를 연주했다 포장마차에서 낮술을 마신 남자만이 비틀거리며 춤을 췄다 그러나 그는 나의 고통 따위에는 관심이 없다 그의 발놀림은 나의 음악보다 꼭 한 박자 빨랐다 그는 기뻤고 나는 그렇지 못했다 밤이 되면 그는 심술궂은 아내의 젖가슴 속에 몸을 숨길 것이다

 고백하건대 나는 악보를 그릴 줄도 몰랐다 내가 아는 건, 어둠이 침묵을 낳고 침묵이 소리를 낳고 소리가 다시 빛을 만들고…… 빛의 풍선들이 터지며 물 같은 어둠이 흘러나온다는 사실뿐이었다 알고 있을 뿐, 내가 덮고 꿈꾸는 침묵 속에선 한 마리의 새도 알을 깨지 못하였다 침묵의 껍질은 단단했으며 요란하게 쏟아지는 빗소리(빛소리?)들도 나의 침묵을 열

진 못했다 추위에 지쳐 깨어나면 경기 들린 육체는 피가 섞인 기침을 뱉곤 했다

 그날, 비 내리던 새벽이었다
 붉게 젖은 가로등 아래 헤어진 연인들의 그림자를 껴입고 잠을 자던 내게 새알처럼 부서진 꿈들이 보였다 땅은 어느새 건널 수 없는 허공이었고 갓 태어난 새떼들이 어둠 속에 떠밀리고 있었다 기타줄 같은 발목을 자르는 데 거리는 너무 익숙해 있었으므로……
나는 거리를 떠날 수 없었다

기타리스트가 죽다
―미국 배우 조니 뎁의 사진을 보고 있다가 불현듯,
그가 내 멍한 눈동자를 뚫고 내 몸에 들어와,
내 입을 빌려서 하는 말이……

살아 있는 거죠
시뻘겋게 닳아 있군요
누군가 나 아닌 다른 것들이
내 손을 빼앗아 이상한 말을 지껄여요
그때마다 가슴팍을 열고
굉장한 새떼들이 움직이는 게 들려요
살아 있는 것 같지 않은데
누군가 나 아닌 다른 걸 빌려 입고
내가 살아 있는 것 같아요
목이 길고 몸통이 넓적한 그를
나는 그저 '너'라고만 불러요
'너'의 가느다란 血管을 새들이 디디고
지날 적마다 그들이 죽어요
누군지 모를 내가
'너'의 血管을 만지작거리던 손을 풀어
숱한 새들의 날개를 뜯어먹어요
살고 싶지 않은데
누군가 나 아닌 다른 것들 때문에

내가 사는 것 같아요
정말 사는 것처럼
나도 '너'를 흉내내어 울어보죠
피투성이 다섯 손가락 끝에서
죽은 새들이 그 힘줄만으로
날아오르고
큼직한 죽음의 길 한끝으로
시커멓게 그을은 달이 떠오르고 있어요
살아서는 한번도 보지 못한
진짜 내 얼굴이 떠오르고 있어요

서기 2001년 아침, 나는 외출하지 않았다

이런 날 아침, 新聞을 편다
글자와 글자 사이의 간격이 없다
무얼 읽으란 말인가?
몇 개의 행간 속에서 떠돌던 넋들은
다 어디로 숨어버렸나?
과연 이런 날이다
행복은 굴곡 없이 지난하기만 하고
아이들은 쉽게쉽게
지아비 지어미들의 습속으로부터 빠져나온다
나는 어느덧 서른을 넘기고
또 한 해를 더 유예받는다
죽은 돌과 썩은 나무들이 교미하여
영원불멸의 美女들을 뽑아낸다
그래 이런 날일 것이다
섬과 섬 사이를 가로지르는
불행한 곡예를 보러 다니는 이들도
더는 없을 것, 보이지 않는 것들 사이로
고밀도 사진보다 뚜렷한 架橋들이 槍처럼 뚫린다
나는 너를 보지 못한다
너는 그러나 언제나 내 몸 속에 있는 것,

참 아름다운 세상이여, 나는 말하고 싶을 것이다
아니 그렇게 말했었던 걸까?
아니 나는 또 그렇게 말하고 있잖은가?
내 아내는 내 죽음의 움막, 내 출생의 바다인 양수 속에
 내 새끼를 품고 있다 지난 세기부터 더더 지난 세기 전부터
그녀는 나의 아내고 그녀는 나의 어머니였을 것이다
나는 안다, 안다고 감히 떠벌릴 수 있다
세기를 넘길수록 더 어여뻐지기만 하는 내 아내를
영원불멸의 美女 백 명 정도와 바꿀 수 있다고
백 명의 내 새끼와 나는 다시 섹스한다
백 번의 결혼과 백 번의 죽음을 낳는다
그래 이런 날이야, 보이지 않는 것들이
너무 잘 보이는 것들의 槍 끝에
그 안 보이는 머리통을 교수당하는 날,
백 번씩 내가 죽고
백 번씩 내가 다시 살아날
그리하여 한 번도 나는 죽지도, 살지도 않는 날,

이런 날 나는 아무데도 가지 않는다
그리고 모든 것의 끝에 나는 지금 와 있다
이런 보이지 않는 날이 자꾸만 보이는
더는 아무것도 볼 수 없는, 이, 런, 날, 아침

아름다운 敵

 나의 아름다운 음악을 위해 너는 죽어야 한다 맨발로 걷는 많은 꽃들을 피워야 한다 부풀어오르는 공기를 뜯으면 뜯을수록 너는 더욱 선명한 나의 敵이 된다 유일한 대안, 유일한 결론, 유일한 삶이 된다 공기처럼 나는 없다 보이지 않기 때문에 없는 내가 아름다운 적인 너에게 내 큰 입을 내민다 내 입이 닿았기 때문에 너는 아름답다 네 입과 닿았기 때문에 추해진 나를 너는 더욱 추하게 하라 나는 너를 모른다 나의 아름다운 음악이 네가 만든 나의 추함마저 아름답게 하라 나는 너를 모른다 알면 알수록 네가 추해진다 너도 나를 몰라라 숱한 꽃들이 자기 이름마저 지울 만큼 부풀어 너를 보는 나의 추함을 지운다 너의 아름다움에 칼을 쑤시는 내 아름다운 음악을 맨발로 더듬는다 더듬으며 보이지 않는 한끝으로 나를 내몬다 너와 부딪치니 내 아름다운 음악마저 추하다 죽어라, 죽어라, 너를 벗어던진 나여, 한번도 제 소리로는 빛나지 못하는, 입술을 닫은, 도저한 直喩의 세계여

나의 음악이 나를

 나의 음악이 아름다운 까닭은
 남자들이 모두 전쟁에 나가 죽었기 때문이다
 살아남은 여인들이 헌 담요를 햇볕에 넌다
 어디선가 짧게 아이들이 운다 용케 죽지 않은 남자인 나는,
 전쟁을 모르는 남자인 나는 그러나
 매일 밤 조용히 전쟁을 치른다 목청을 열면
 헐은 가슴에 볍씨처럼 흘러 박히는 눈물 방울방울들
 전쟁을 몰라 갇혔던 맨몸뚱이 튀어나온다
 내가 모르던 내 핏줄들 엉겨 노래 만든다
 어떤 여인의 자궁을 내 빌릴 것인가?
 터져나오는 노래의 홍수를 담을 새로운 집을 위해
 고추씨처럼 툭툭 터져나와
 새롭게 전쟁을 일으킬 우리의 아이들을 위해
 모든 죽은 남자들의 힘줄로 살아나는
 나의 아름다운 음악을 위해
 나는 지금 죽어야 하나?

 바람 잃은 깃발을 들고 죽은 남자들 돌아온다

여인들의 담요를 말린 햇볕에 숨은 피,
삼단요 같은 침묵을 열고 아이들이 뛰쳐나간다
나의 음악이 제가 낳은 모든 소리들을 벗고
이건 전쟁이야, 전쟁!
물기 빠진 영혼이 드디어 여자가 되는

구멍에 대하여

저들이 山을 넘보는 것에 대해
나는 아무 말도 하지 않을 것이다
아무렇게나 부려놓은 짐들을 저들은 개의치 않는다
홀연히 가벼워진 어깨와 그 없는 무게의
끝없는 진공 속에서
거꾸로 자라는 이무기처럼 소리없이
등짝에 들러붙는 기억
저들이 보지 못하는 그 엉망인 얼굴들을
나는 뒤돌아볼 줄 모르는 저들의 높디높은 山봉우리에
올려놓는다 내가 무언가?
숱한 山들이 피를 토하며 쓰러진 화강암의 길이 되어
저들의 헐떡이는 코끝으로 기어드는 투명한 뱀일 것이다
세상의 모든 짐이란 짐들은 내 흰 피부의 毛孔 속에서
온전한 자신들의 시간을 거꾸로 되짚어 커가는 것이다

저들이 山을 향해 조금씩 늙어갈 무렵
길은 점점 그 반점 같은 구멍들을 넓혀나간다
나는 따라가지 않는다 구멍 속에서 내가 배운 건
사람들이 지난 흔적 뒤에는 언제나 그들의 그림자보다 큰
짐들이 굴러다닌다는 사실이다
그 버려진 짐들이 자신의 주인들도 모를 엄청난 시간으로 불려지고
거기에 늘 한 순간의 정복 같은 죽음이 자란다
나의 습한 천성이 지휘봉처럼 뻣뻣하게 일어선다면
나는 山의 한가운데 가서 벌겋게 꽂혀 죽는 저들의
王이 되었을지도 모른다
그러나 내가 무언가? 몸을 걸러내는 수단으로 저들은
가장 더러운 형태의 배설을 익혔을 뿐이다
가장 훌륭한 짐이더라도 몇 개의 아슬아슬한 구멍들을 피해 뛰면서
가장 먼 곳에서 시드는 먼지의 켜가 될 뿐이다

구멍들 사이의 간격이 좁아진다

그 사이로 젖물처럼 새하얀 물의 시간이 가로지르고
山에 이끌려 지워지는 저들의 뒷길이
깎아지르는 구멍의 단애에 미끄러져 내려앉는다
다 왔구나, 저들은 아직 저들의 없는 등짝을 기어오르는 나를 못 보는가?
길의 끝에 맞닿은 山의 下部에서 휘감아도는 흰 핏물의 육성
내 껍질을 벗겨 숱한 풀들을 키워낸 이 없는 山을
저들은 아직 머나먼 곳에 우뚝 솟은 봉우리라고 여기는가?
수천의 구멍과 구멍들이 살을 끊고 만나면서 저들이
내 온몸의 구멍 속으로 추락한다 그리하여 내가 무언가?
태양도 삼킬 엄청난 주둥이의 자궁을 가진 나는

I'm Waiting for the Man

나는 기다린다 지하철 창밖 땅속 깊은
어둠에 되비쳐 가끔씩 내가 되기도 하는 그를
日常의 심줄에서 터진 불빛 아래
나는 지금 있다 어깨를 나눠 가진 뭇사람들의
숫돌 같은 眼球와 고요한 선인장처럼
모로 누운 팔꿈치와 한시도 중력을 이겨내지 못하는
전면 긍정의 목덜미들
밖은 참 어둡고, 하나의 생존과 하나의
죽음의 일방통행의 속도 사이에서 간혹
창 속에 갇힌 내가 여자가 되는 상상을 하기도 하는데,
아, 졸려요 어둠 때문이 아녜요
정신도 몸도 없고 등피만 남은 불빛들이 나를 어지럽혀요
창을 뚫고 뛰쳐나가고 싶어요
어둠 속에서 시퍼렇게 두 눈 치켜 뜰래요
나도 살고, 내 사는 힘으로 백태의 눈알들을
시뻘건 구슬이 되도록 굴려버릴래요
아버지, 아버지, 아버어버버버버——짓!

실은 내 옆에 머리를 떨구고 조는 여자가
  나보다 더 예쁘지만
  비록 예쁘기 때문만은 아니라
  수차례 내가 되기도, 그 여자가 되기도 하는 어둠을 내가
  세상 모든 졸음에 겨운 아버님들께 바치고 싶기 때문일 것이다
  자궁을 어둡다고 생각하는 게 왜일까, 를 나는
  청춘과 죽음이 맞붙은 자리에서 두 몸이 다
  끝도 시작도 없는 안 보이는 여자들의
  깊은 샘 속으로 가라앉는 때문이라고 여긴다
  그 이유로 나는, 가끔씩 한계 이상으로 눈을 크게 뜨고
  어둠 속에 되비쳐 내가 되기도 하는 그를, 노려보는 것이다
  나이기도 하고, 내 옆의 여자이기도 한 그,
  만나는 순간 내가 되고, 내가 아는 모든 여자가 되고
  그 어떤 여자보다도 더 여자이기만 한 그를,

마침내 안팎이 뒤엉켜 여자고 내고 모두가
　한몸뚱이 전체로 세상 한가운데서 그가 되기를,
　나는 日常의 처진 어깨들과 쓸쓸한 눈망울들 속에
똘똘 묶인 채
　기다리고 있는 것이다

간힌 雪景

 갈수록 비탈이 심해지는 언덕이 있다 세 명의 사내가 언덕을 오른다 誤字처럼 간혹 눈발이 날리고 세 사내의 입은 먹기 위해서만 가끔 여닫힐 뿐이다 얼마나 많은 걸 눈 덮인 저곳에다 남겨두고 왔던가, 한 사내가 문득 멈춰 선다 그가 서 있는 곳은 그러나 눈이 떨어지는 곳에서 보면 작은 흠집에 불과할 것이다 실수인 양 누군가(그는 아마 神일 것이다) 그를 지운다 남은 두 명의 사내의 외투자락 속에 눈발이 기어든다 다시 멀리 보자, 두 마리의 검은 벌레가 백지 위를 미세하게 걷고 있지 않은가, 먼저 지워진 사내의 발자국은 몇 분 전, 아니 몇 초 전이나 몇 시간 전의 눈발을 담았다 그냥 언덕의 한 부분일 뿐, 미안하게도——누구에게?——그란 없다 그에게 죄송하지만 죄송함마저 이 언덕에선 한 꺼풀의 눈길이지 않으면 안 된다 남은 두 사내의 흔적이 잠깐 파였다가 없어진다 없어짐마저 이 언덕에선 일부분의 존재인가, 존재의 일부분인가 한 사내가 갑자기 머리를 부여잡고 쓰러진다 흠집일 뿐이야, 흠집! 쓰러진 사내가 쓰러지지 않은 사내에게 무어라 최초로 중얼거린다 조금씩 거세지는 눈발에 잠겨 사내들의 본모습이 보이지

않는다 온 풍경이 하얗게 지워지고 누군가(그는 혹시
神이 아닐지도 모른다) 뚜껑을 닫듯 백지를 접는다
일생 동안 실패만 거듭하는 삶, 그런 게 언제 있었냐
는 양, 의기양양하게, 잘 차려진 저녁 식탁 앞에서

죽음의 손의 繪畵

 畵家의 손이 떨어진다 수증기처럼 떨어진 손은 빈 유리잔이나 라면 찌꺼기 몇 올만 남아 있는 냄비 같은 것에 담겨지기도 한다

 바닥에 쌓인 먼지들은 햇빛을 피해 한사코 습한 곳으로만 쓸려다닌다 내가 아는 한, 화가는 우는 법을 모른다 그의 아름다운 손이 걸어다니던 화폭에선 종종 부리가 긴 새떼들이 솟아나오기도 했다 모든 창들을 막았지만 바람 한 점 없는 화실에는 새들의 큰 그림자가 어슬렁대며 모든 그림들을 지우는 것이었다

 그 중 한 놈이 우— 하고 울었다 쟁여놓은 레코드판에 날카로운 발톱 하나가 박히니 먼지를 털며 깨알처럼 음악이 굴러나왔다

 새들은 땅에 떨어진 음악을 주워 물고는 닫힌 창을 부수며 날아올랐다

 화가의 떨어진 손이 집는 건 그림과는 별 상관 없는 것들뿐이다 물감을 뜨던 나이프마저 이 순간 凶器로 사용된다 화가는 새들이 떠나기 전까지만 오로지 화가였을 것이다

 화가의 떨어진 손이 집어든 나이프를 화가의 떨어

지지 않은 손이 받아든다 새들이 떠난 후 화가의 가슴에 마지막 남은 그 色들을 떠 화가는 새들의 그림자를 덧칠한다 화가의 떨어진 손이 새하얗게 화가를 지울 때까지 바람은 불지 않고 가끔씩 부리 끝에 눈물을 매단 새들이 창을 두드리기도 하는데

귀머거리 聖者

神學校를 중퇴한 그는, 골방에 틀어박혀
베토벤의 음악을 들었다 가끔씩 창을 열고
들어온 바람이 책장 밑에 웅크리고 앉아
불안한 입김을 내쉬곤 했다
방안에는 붉은 침묵이 눈물을 흘리며 익어갔고
신학교를 중퇴한 그는, 아무 말도 하지 않았다
눈물에 데인 상처를 추억이라고 말했던 친구는
몇 줄 짧은 시에 목숨을 허비했다
신학교를 중퇴한 그는, 두꺼운 혀를 씹으며
영원히 열리지 않을 것 같은 땅바닥을 뜯어
말이 없던 한 어둠을 봉인했다
비가 내려 흙더미가 새까맣게 젖어 있었다
 질퍽이는 땅 몇 조각을 발바닥에 붙이고 돌아와서는
 자신의 무거운 그림자 때문에
 모든 길이 지워져버리지 않았는지 걱정했다

 신학교를 중퇴한 그는, 눈물을 흘리지 않기 위해
  자신의 몸 속에 어둠으로 향하는 구멍을 열어놓아야만 했다

구멍을 통해 황달에 걸린 개들의 신음 소리가 기어 들었고
　신학교를 중퇴한 그는, 그러나 듣지 못했고
　죽음 직전에 비명을 질러대는 자살자들의 혀 끝에서
　메말라가는 신의 입술을 생각했다

　신학교를 중퇴한 그는, 베토벤의 음악을 들었고
　들리지 않는 베토벤의 음성으로
　모든 살아 있는 소리들을 가늠했고
　새벽에 사람들이 밟고 출근할
　골목길의 수은등 불빛을 보며 그가 닫은 門을 향해 검게 씻은 손을 흔들어보였다

　신학교를 중퇴한 그는, 죽음보다 많은
　무덤들을 간직하고 있었다
　닫혀 있던 귀를 窓밖으로
　던지고 있었다

배우는 퇴장할 줄 모르고

이제, 세상은 충분히 낯설어져 있다

 배우인 나는 한 번도 죽어보지 않았기에 무대가 곧 나의 무덤임을 안다 나의 대본은 없다 나는 나를 펼쳐보고 모방할 뿐이다 조명이 입을 다문 침묵과 어둠의 한 귀퉁이, 나의 연기는 웅크림에서 출발한다 사람들은 나에게 말을 걸지 못한다 하얗고 단단한 이빨로 팝콘을 씹으며 객석에 엉덩이를 내려놓을 뿐이다 조명이 입을 열어 싯누런 무대 위에 나를 뱉어낸다

    산다는 건 죽음의 결핍이야
    죽음이 무언데?
    나의 어둠을 되찾는 건
    조명이 세상을 읽어내리기 전의
    밝음보다 짙은 세상의 중심, 혹은 전부

 객석에는 작고 동그란 어둠들이 심어져 있다 그들은 조명 아래 나를 보지만 나는 어둠 속의 그들을 본다 밝음은 나의 탓이 아니다 조명이 들어오면 나는 항상 많은 걸 설명해야 한다 그러나 하지 않겠다 어

떤 방향을 주시하도록 유도하지도 않겠다 어둠이 곧 모든 방향이므로 나는 나를 모방한다 그러나 하지 않겠다 나의 행위가 곧 나의 기록이므로 어둠 속에 불을 지른다는 걸 상상하지도 않겠다 불은 쉬이 꺼지고 어둠보다 짙은 잔해가 거기에는 남는다

  막이 내리면
  극장을 나서는 사람들은
  빈 팝콘 봉지를 쓰레기통에 버릴 것이고
  몇 번씩, 낯설어진 세상을 향해
  부신 눈을 닦을 것이다

處刑劇場

팔다리가 묶여 있습니다
벗어나고 싶지 않아요.
꿈을 꾼다는 건 얼마나 지독한 自由인가요
나는 이곳에서 죽으렵니다
여기는 그림자에게 육체를 불어넣는 공장
눈, 코, 입 그리고 生殖期가 없는 사람들
아랫도리에 心臟 같은 불길이 반짝여요
바깥에는 얼마나 뜨거운 태양이 타고 있을까요
온몸이 묶여 있다고 생각하니
세상은 더 내 속에서 이글이글 끓어오르죠
시커먼 탈을 쓰고 내 꿈의 바깥으로 튕겨나온
그들이 내 발 밑에 머리를 조아려요
발끝에서부터 그들 뜨거운 生殖의 불길이 번지고
묶인 몸을 최대한 비꼬아 나는
촛농처럼 흐르는 춤을 불길 속에 떨어뜨려요
텅 빈 어둠의 그네들 몸뚱이 속에
胎兒처럼 싱싱한 불씨가 자라죠
살아랄라라, 불꽃들이 태양으로 날라가
페스트菌 같은 비가 세상을 태울 거예요
절정이에요, 끝이에요, 다시 피는 시뻘건 꽃무덤이

겠죠
　바깥의 세상이 갇혀 있던 나의 꿈을 흉내내고
　요도염으로 막혀 있던 出口에
　미치고 싶어하는 어린 개들이 몰려드네요
　나는 나는 두려움에 떠는 즐거운 예수님
　개들이 門을 부수고 끌어내어도
　나는 나는 여기에서 곱게곱게 미쳐 죽을 거랍니다

4월의 詩

눈 녹은 지 한 달, 나는 두 개의 보름달을 들고
그녀 집을 방문했다
숲과 숲 사이로 난 얕은 개울길을 따라
물뱀과 송사리떼들 돌틈마다 새끼를 까고 있었다
산정 끝에서 머물던 겨울의 눈〔眼〕을 나는 보았다
지난 시간의 수의를 녹여 개울은 흐른다 나는
가끔씩 먼지가 끼는 두 개의 달을
몇 장의 물로 닦으며 그녀에게로 간다
사랑을 위해서가 아니다
이 봄에 죽는 법을 그녀가 알고 있을 것이기에

달들은 제 목숨이 영원하다는 걸 아는 것일까?
그녀의 문 앞에서 나는 속성으로 자라는 나무처럼
느리게 꿈틀거린다 일체의 성장을 나는
문 뒤에 숨은 그녀에게 간파당한다 공처럼 통통 튀어
달들은 그녀의 문을 두드린다 그녀가 나오지 않을 걸 나는
안다 그녀는 나의 모든 걸 숨어서 지켜본다 선명하게 움직이는

내 이두박근과 순식간의 할례와 순식간의 노쇠를 그녀는 본다
 나는 순식간의 세월을 가로질러 그녀의 문을 부수며
 내 완전한 성장의 꽃잎들을 그녀에게 주사한다
 두 개의 달들에 부딪혀 꽃들이 노랗게 눈을 감고 있었다

 달이 다시 하늘에서 빛날 날, 그녀는 나를 놓아준다고 한다
 나는 이제 완전한 그녀의 시종, 다색으로 開花하는 그녀 몸뚱이의
 뜨거운 신열이다 다가올 여름 그녀 부푸는 심장을 식힐,
 내 눈을 빼앗긴, 4월의 屍身, 죽기 위해 사는 꽃들의 獸性이여

기 도

 어머니, 위대한 시인이 되고 싶어요, 아무것도 될 게 없으니
 그거라도 되어야겠어요 경국지색의 미녀는 못 되도 매끄럽게 연계되는
 홑모음 각운 같은 아내와 4연 4행 똑 떨어지는 아새끼도 갖고 싶어요
 아새끼의 아새끼의 증조, 고조, 600 페이지 족보책 첫머리로 남고 싶어요

 애야, 내 철없는 아새끼야, 위대해질려거든 시는 쓰지 말거라
 시가 위대하면 나라가 망하고 나라가 망할 때 위대한 시는 또 다른 나라를
 세운단다 넌 네 에미를 버리고 딴 나라로 가서 살래? 네가 쓴 시가 만든
 나라의 여왕이 이 에미는 되고 싶지 않구나 왕의 에미는 더더욱 싫단다, 애야

 어머니, 하지만 장군이나 帝臣이 되고 싶진 않은걸요

개네들은 너무 재미없고 너무 뻔한 일에만 이빨을 까고 또 너무 많은
 여편네를 거느려요 위대한 장군은 위태한 나라를 구해요 위대한 帝臣은
 나라보다 먼저 죽으면서 나라보다 더 위대해져요 난 나라를 살리는 시를 쓸래요

 애야, 내 철없는 아새끼야, 나라를 살리는 시는 오직 나라만이 쓸 수 있단다
 네가 쓰는 시는 오직 너만 살린단다 시가 무엇을 살리면 안 돼 그러니 시를
 쓰면 안 돼 시는 네가 쓰지 않아도 네가 이 에미 곁을 떠나 있는 동안 쉴새없이
 네가 될 거란다 넌 네 말을 하지 마 널 속이지 마 이 에미를, 이 지구를 넌, 더 이상 넌, 퍽

벽과 벽 사이

모든 입을 결박했다 침묵으로 내통하는 기류를
구술하지 못한 자는 곧 처형받으리라 그건 우리가
베푸는 유일한 축복, 살기 위해 천 행의 죽음을 작성하라
천 개의 그림자를 검게 탄 학의 그림자에 수놓아라

저 방으로 가는 해저의 습곡들을 나는 건넌다 물새의 무덤들을
물 속 깊이 移葬시킨다 떠 있는 건 날지 않는 것이다 죽지 않은
것이다 물 깊은 곳의 죽음들이 물보다 깊은 땅을 도굴한다
몇 닢의 번지는 피의 확장 끝에서 노래부른다 노래의 끝에 저 방이 있다

더 넓은 소유지를 다들 원한다 넓은 곳에선 어떠한 소리도
드높지 않다 크게 소리나지 않는다 나는 더 좁고 막힌 곳의
더 크고 높은 노래를 부를 것이다 우주는 언제나

심장 깊은 포석에
 제 유려한 별자리를 깔아둔다 바깥엔 빛이 있다 나를 먼지로 으깰 것이다

 나는 무너져내려 죽을 것이다 고등한 파충류의 수직적 승천을 꿈꾸지
 않으리라 더 깊은 곳에서 더 높고 밝은 노래를 부른다 물 속엔
 먼지가 살지 않는다 한번에 무너져 단 한 번 절명하는 생존을 나는
 더 어둔 곳에 은닉하지는 않으리라 물보라치는 죽음이다 너무나 은밀한 은닉일 뿐,

잘 써지지 않는, 쓰고 싶지 않은 시

이런 망각은 눈에 익다 나는 거기로 들어가본다
십수 년 피의 응결로 직조된 파인더와 플라스크를 나는 번쩍인다
십수 년 전의 죽음과 죽음 다음의 더 먼 과거를 나는 채취한다
내 오래 전 죽음도 있다 내 미래의 출생까지도 나는 본다 다만 보기만 한다

이 정도면 완벽하달 수 있을까? 동사도 형용사도 아닌 물체를
나는 모든 문장의 한가운데 세워놓는다 모래바람 춤추는 명멸의 사막 한가운데
다만 세워두기만 한다 망각의 늪 속에서 건져올린 내 눈알의 명확한
대칭물을 나는 다만, 모든 문장의 한가운데 세워놓을 뿐이다

읽혀지지 않을 것이다 팔만사천 번 떴다 감는 눈들이 도대체 무엇을
제대로 볼 수 있다고 하는가? 저기 붙들린 말목처

럼 동사도 형용사도 못 되는
  것들은 흥흥, 거린다 아프고 답답하고 무서울 뿐이다 나는 보여진다 나는
  볼 수 없다 문장 한가운데서 나는 죽지도 못한다 나는 망각 위에 놓여 있다

  나는 보기만 했을 뿐인데 망각은 내 온몸을 담보로 지금 이 순간 내 눈을
  뚫고 나온다 나는 망각의 문장 한가운데 결박당한다 내 부푼 파인더와 플라스크에서
  문어발 같은 시선들이 빠져나온다 나는 말목처럼 붙들린 동사 또는 형용사다
  나는 망각된다 태어나면서 소실되는 것, 나는 모든 문장들을 모래바람 속으로 이끈다

넌 뭐냐?! ?냐, !냐

  혁명과 사랑을 노래하는 시절에 나는 술담배와 록음악을 익혔다
  여자는 약간 더 뒤다 여자를 알아버렸을 때는 여자의 위대성을 내가
  시기하고자 한다는 걸 치욕적으로 깨달았을 때이다 그 치욕이 나를 키운다
  나는 여자야, 라고 말하려다가 나는 여자이고 싶어, 라고밖에 말하지 못한다 치욕이다

  혁명과 사랑을 희망하는 친구놈이 있다 놈에게 일방적으로 두들겨 맞았던 때가
  고 2 땐지 고 3 땐지 잘 기억 안 난다 놈은 날 때렸고 난 아픈 줄도 모르고 맞았다
  내게는 혁명과 사랑이 없으니 아팠을 리가 없지 넌 죽었어, 복수심도 아닌 게
  피를 깨물고 뇌까렸던 것 같다 놈은 정말 죽었을까? 4년째 놈은 소식 불투명이다

  술담배는 또 록음악은 또 그리고 여자란 무엇인가? 내가 자문할 때

나는 웃고만 싶다 혁명과 사랑에 대해 수천 장의 논문을 쓰고도 싶어진다
?와 !의 대립적 길항과 그 은유적 강간의 실체, 어쩌구 하는 한껏 잘난 체하는
제목이 술잔 속에 떠오를 때가 있다 록음악과 여자의 유방을 동일시할 때도 가끔씩,

나는 내가 망가졌다고 느낀다 그래서 기쁘다 세상을 폐허로 인식하는 게
나에게는 습관적이다 습관은 맹목 아닌가? 맹목적 혁명과 맹목적 사랑을 나는
여자들에게서 느낀다 그녀들은 배반을 모른다 또는 배반 자체가 그미네 습관이다
나는 록커를 꿈꾼다 귀신 칠갑 화장을 하고 악의 찬 여자의 목소리로 울부짖는, 娼女라?!

시간아, 너 갈 데 있니?

 세월은 흐를수록 더 오래 전 세월을 닮아간다 17세기 시들이
 요즘 가슴을 때린다 3백 년 후의 나를 그들이 보았던 것 같다 어찌하나?
 나는 모종의 인사법을 갖추지 못했다 그들이 폭탄처럼 내 방안을
 점령해 들어온다 나는 초인종 바깥으로 내몰린다 딩동딩동, 콰왕콰왕

 내 음악은 썩었다 내 방도 이제 내 소리를 비웃는다 샤갈風의 천사들을
 나는 창을 통해 들여다본다 이런 여유가 저때에는 있었나? 제 심장을
 적들의 시선 앞에 버려두는 것, 나는 꼼짝도 못하고 저들의 난장 같은
 합주에 붙들린다 저들의 완전한 승리다 이겼다고 법석을 떨지 않으니 2 대 0, 난 완패다

 샤갈風이라는 걸 곧 취소한다 내가 아는 놈들이 날 더럽힌다 지고 나서

할말이 뭐 있겠냐, 는 비난도 저들은 하지 않는다
나는 너무 내 일에 충실했다
　일은 순간순간의 현장 검증이다 나는 현세에 너무
많은 죄를 지었다 일을 벌이고
　일을 끝내고 나는 졸음에 겨운 귀가길을 무서워하
지 않았다 내가 흘리는 시간들을

　먹고 살기에 바빠 전쟁 치를 힘도 없을 거라는 프
티 브르주아식의 재담들을
　취소한다 난 실상 개념어들의 屍山 같은 세기의 습
속에 편입되는 이상에 늘 충실하다
　말들은 나보다 먼저 내 일생을 읽어내린다 나는 그
저 그대로 흉내만 내면 되는
　참 편한 삶을 살았다 어디로 갈 것인가? 17세기 주
체성 강한 거지의 발성법으로 나는, 이제

춤
——리버 피닉스에게 보내는 幻滅의 俳優論

　미안하게도 나는, 거울 앞에서 그대를 생각한다 오랫동안 닫혀 있던 서랍을 열듯 나의 기억은 사뭇, 빽빽하다 구멍가게에서 풍선껌을 훔치는 어린 내가 있다 오래 전 나 아닌 모습부터 있었을 공포와 죄의식의 노예, 쾌락의 말단 하수인, 전혀 새로울 건 없다 나의 모든 열정은 출생 이전의 것이므로

　나는 오랜 옛날의 사건들을 검증하기 위해 순간의 욕망을 이용한다 거울 속에 누군가 거울을 안고 나타난다 그대이다, 그리고 그대의 거울 속에는 그대를 품은 내가 있다 그러므로 그대와 나는 과거와 미래를 꿰뚫는 무수한 '그들,' —— 나는 그대의 옷을 벗긴다 이런 동작은 양수 속에서부터 습득되어야 한다는 누군가의 목메인 傳言이 있다 사방에서 옷 벗는 소리가 들린다 나는 서로의 심연을 나누길 원한다 기어이 그대는 전신으로 발가벗겨져 있다 서로의 거울 속에서 벌거벗은 두 몸이 겹친다 육체란 얼마나 견고한 껍데기인가, 나는 그대를 껴입고 그대는 나를 껴입는다 '그들'은 하나가 되고 변한 건 없다

罪란 헐거운 진실, 출생 전에 나는 모든 걸 경험했지만 미래를 생각지는 않았다 똑같지만 다른, 두 사람이 한길을 간다 서로 뒤지지 않으려는 속도가 만들어내는 경쾌한 음악 소리, 내가 홀린 무수한 검은 머리통들, 요란한 높낮이의 음표들을 퉁기며 나누는 '그들'의 춤, 세상에는 악보라는 게 따로 없구나!

토요일

치맛자락을 날리며 계집아이들은
은행 셔터 문에 매달려 논다
그들은 태양을 부끄러워하지 않는다
내일은 교회에 가는 날이므로

은행에는 재미난 전설이 예금되어 있다
그곳에 낮도둑이 침입한 적이 있었다
사람들은 발톱을 세운 채 복면 속의 얼굴을 상상했다
불안은 희망의 구좌번호를 취소시켰고
딸랑거리며 잔고액들이 파출소로 달려갔다
범인은 어이없게도
우유를 구걸하던 이십 년 전의 고아였다
장성한 어린이는 부모들에게서 죽음을 징수해내었다
곤봉을 휘두르며 들이닥친 경관들이
통장을 압수했다
그는 지금 햇볕을 도난당한 감방에 산다

바람 한 점 불지 않고 그러나

셔터 문에 매달린 아이의 치마는 쉽게 뒤집혀지고
티브이에선 실패만 거듭하는 고양이가 살아 있다
햇볕에 속살을 드러낸 소녀는 창피한 줄 모른다
셔터 문은 완강하게 버틴다

오늘은 토요일
발가락 하나로 고양이를 눌러 죽인 아이는
손이 곱는 줄도 모르고
묵직한 성경을 들어올린다

내일은 교회에 가는 날이다

새

줄곧 새들이 머리를 뚫고 지나간다
돌아보는 나는 매순간
돌아보는 그 자세로 없어진다
새들이 노래부르며 그리는 流線
그 명료한 구름 속에서 사람들이 걸어나온다
집을 짓고 도로를 건설하는 건 그들에게 쉽다
그러나 가장 덩치 큰 새의 노래를
모든 구름은 닮는다 가장 덩치 큰
새를 감추는 구름마저 새에게서 자유로울 수 없다
제 힘으로 한 인간을 키우는
책 속의 활자라든가
죽이고만 싶은 옛 애인이라든가
자신들의 항로에 불을 켜는 몇 개의 불티들이
스스로를 떨쳐버리도록
나는 새의 가볍기만 한 날개에 모든 걸 의탁한다

새들이 떨구어뜨리는 걸 나는
비라고도 바람이라고도 하지 않는다
어떠한 가을도 새의 발끝에서 제 命을 끝내라
나는 커다란 구멍이 난

조그만 머리를 갖고 있다
온 하늘을 새들이 메워버려 이제 새가 곧 하늘이다
엄청나게 부풀은 나의 머리에 난 구멍
그 거대한 투명함의 알(卵) 속에서
또 무언가가 자기의 말을 깨물며 태어나려는지
無色無臭의 구름
우박처럼 쏟아지는 나의 일생이여

새들에게 띄우는 마지막 傳言

새들에게 시간을 묻는 것쯤이야
어려울 게 없지, 죽음이 이 순간 다시 나를 낳아
준다면

망가질 대로 망가진 가슴이더라도
마지막 안간힘으로 붙들 여력의 사랑마저 부재하는
가?

사랑, 사랑하라
사랑하거든 고백하라
가령, 사소하게 쓸려넘어간 나의 狂氣라든가
그 가늠 수 없는 몽상의 위력으로 내 넘보았던,
몇 年代를 앞서 내 일터를 알선해준
위대한 병적 징후들에 대해서라든가
여하간 生의 끝을 종용하는 그대의 사랑엔
좁은 반성의 길목들만 갈래치고 있구나

조용히 나는 갇힐련다
그대가 소리내어 일러주던 내 서툰 아우성의 日記
속으로

오래 전 내가 되고 싶었던 새들이여,
그보다 지금에 와 더 확실한 길이 되어
낡은 창공에 쑤셔박히는 새들의 노래여,
내 것 아닌 것들 속에 아직 산 그대를 묻고
먼발치로 설레설레 돌아나오는 이 마지막 길에서
나의 죽음은 이제 순전히 너희들의 몫
맺힌 울음 풀어내듯 꼭 한 번만 다시 낳아라, 나를
내 꿈꾸지 않았던들 너희의 일생이 어찌 아름다울 수 있었으리오
다시 살고 싶은 내가 없었던들

焦土에서

칠흑 같은 밤이여 그리고 강물이여,
나와 당신에게는 불행도 물러갑니다
결심하세요. 있었든 없었든 용서하세요.
잘 가시오. 이것이 나와 당신의 목표랍니
다.
　　　── 빅토르 최 『당신과 함께』에서

序 言

　몇몇 눈치 빠른 독자 諸位들은 알아채시리라. 이 불 현듯 나타났다가, 그 나타남의 속도만큼이나 당혹스 런 시간의 한 살결을 깨물며, 그대들의 더 이상 아무 런 솜털도 없는 피부에 일격을 가하며 사라질, 꿈의 樓閣에 묻어 있는, 얼굴 이쁜 몇 방울의 소년들을.
　이 城은 명백한, 그리고 그런 투명한 의심들을 어 떠한 반론도 없이 수락하는 사려가 깃들인, 정확한 잣대로 재단되어진 로트레아몽과 랭보가, 20세기의 水車로 반복하여 돌리는, 거대한 망각을 위한 이미테 이션이다. 여기 한 세기말의 구라파에서 그 외관을 완성한 원형의 模寫가 있다. 꿰뚫어보는 자의 눈이란 사실, 그 자신의 누렇게 썩은 피의 근원의 냄새가 나는 배꼽보다도 더 멍청해 보이는 게 아닐까? 그는 가운데서 뚝 잘린 듯한 눈썹과 약간 넓은 코뼈가 아니었더라면 한가운데로 쏠려 맞붙어버렸을 것만 같은, 환상의 동굴 같은 두 눈을 갖고 있다. 저게 말한다. "화 있을진저. 내 지옥에서 보낸 한 철을 갈취해 제 살에 손잡이 없는 물레방아로 나쁜 피를 모으는 後世들이여." 오, 나는 거기에 가담하지 않는다고 말해야 할까? 거짓의 삶을 그에게서 빌리지는 않겠다고, 내 살아온 일생보다 더 공허하고, 필름을 되돌릴 때마다 크게 드러나는, 고장난 자동판매기에서 되뱉어내는 백동전처럼 眼球가 없는 얼굴들을 나는 그의 이름으로 칭송하지 않는다고, 말해야 할까? 요즘 이곳의 삶이란 정확한 주체의 주장보다는, 도마뱀의 꼬리처럼 몸 없이도 잘 살아내는 육시된 영혼의 따로 놀음에 더 기가 막히게 그림자의 계관을 수여한다고, 아니다. 나는 침묵 9단의, 환상 활극의 大배우이다. 나는 이제 더 이상 그대 정신의 순종적인 몸종은 아닐 것이다. 그대를 비롯한, 원시의 絶篇的인 아름다움에 온갖 사지와 모든 생리적인 구멍들을 헌납한 세기 전의 모든 화석들에게 이제 더는, 내 살의 극심한 환부를 삽입시키지는 않을 것이다. 그리하여 나는 모든 동시대 敵들의 눈과 귀 속에서, 내 불안스런 필생의 읊조림들을 강탈할 것이며, 그들의 어떠한 고뇌도 사상된 오관 속에서 희석되어지는 劇藥의 분말로 사멸해가리라.

표류의 世紀

나는 루 리드Lou Reed를 듣고 있다.

록음악은 20세기가 헌사한 가장 몰가치적이면서도, 가장 전망 부재한, 한 세대에서 다른 세대로의 퇴행에서 진보의 극찬을 부정적으로 획득하는, 세기말의 묘비명과 부관참시의 칼날의 역할을 동시에 수행하는, 알라딘의 괴물이 살고 있는, 왜소한 호리병의 출구이다.

1970년대가 시작되면서, 진정한 록음악은 개화하고, 그 출발선상에서 그들의 진짜 神들은, 술과, 마약의, 환멸의 지옥으로 떨어진다.

록과 동년배인 또래의 친구들의 영혼은, 잘 설명되지 않는, 설명이 가진 교훈적이고도 가치 획득의 망을 조직하는 필발을 부러뜨리는 과도한 映像의 음영과, 멀티서라운드 음향의 도미노식 충돌에 사로잡혀 있다. 70년대는 흑백의 톤을 난폭자적 총알택시로 잡아타고, 발붙이지 못하는 異國의 정경으로 일단 멈춤 → 잠정적 죽음 → 영원한 죽음의 壽衣를 바꿔 입는다. 10대의 불을 지피던 80년대여, 치졸하기 짝이 없는, 비현실보다도 더 초현실적인 원색의 엉성한 칼라로 그것은 현실의 한 단애 끝에 미끄러져 알 수 없는 피의 명멸과, 앞 선배들의 무력한 어깨의 처짐을 강요한다. 우리의 선험적으로 반항화된 영혼들은 거기에 의지를 헌납하지 않는다. 세대의 불을 켜는 금속성의 봉촛대 같은 리모트 컨트롤이 실어나르는 대륙으로 그들은 향한다. 수억 리를 헤매며 떠도는 고색창연한 전쟁도, 오로지 새로운 고루함의 서막을 찢어발기는, 덜 끓인 피들의 誓約인 혁명도 눈뜨고 못 볼, 그래서 더 크게 떠지는 환상에 한몫할 뿐, 정결한 의미의 그것들은 이미 없다.

단순한 여자들의 복잡해지고자 하는 형이하학적 대

뇌의 자궁이 도처에 깔려 있는, 수천의 사이보그들의 힘줄과 번복생산되어지는 합성 섬유의 피의 강물들이 진보의 뗏목을 미끄러뜨리며 건설하는 영원불사의 행성, 십자가처럼 결박된 환상의 대륙!

  나는 다시 루 리드를 듣는다. 그러나 이제는 '저들'이 되어야 할 그들의 루 리드는 내 것과는 아마 다른 이름이리라. 나는, 필사적으로, 온 사지와 이빨들을 결박한 채, 이 세대에 속하지 않는다. 나는 반도덕의 속도에 심금을 적시는, 과민한 理性의 파시스트다. 나는 영원 속의 또 다른 영원, 거듭해서 내 영혼을 되돌아보게끔 만드는 19세기식 자기 파멸의 길로 들어선다. 대륙이여 안녕, 원시의 바다가 모든 물살들의 팔뚝으로 집어던지는 부표하는 허공의 섬, UFO여.

  나의 시는, 아니아니, 나의 삶은 더, 衒學을 현학한다.
  한 존재의 정확한 소멸과, 소멸에 의한 거듭남과, 거듭나는 새로운 죽음들과, 죽음으로써 교체되는 性과 性 사이의 병리학적 믹싱의 절차와, 그 약간 혼미

한 마취제를 주사하는 性顚倒 현상의 확고부동한 주체로서의 다른 삶과, 다른 풀, 다른 물고기를 먹고 일생의 과업을 이행하는 삶의 불연속적인 兩性 섹스 행위와, 그 부산물로서의, 팔과 다리가 허여멀건한, 지구와 은하계를 잇는 계단 가설공의 탄탄한 몸매를 다듬으리라. ——그 맨 처음 과정으로 지하에서 터져나온, 나조차도 잘 알 수 없었던, 그러나 이제는 명확한 이해와 질서를 내 속에서 끄집어내 갈 길을 밝혀주는, 나의 오래된 시들의 입지를 허락해준다. 그들이 시작하는 시점에서, 아뿔싸! 나의 과거란 없다. 그러나 이제, 다른 놈들에게 빌려주었던 내 철 지난 옷들을 되찾아 입으리라.

그녀를 만나다

나는 이곳, 강과 바다가 만나는, 다른 우주와 섣부르게 一發全沒의 핵주먹을 내미는 지구가 성난 미소로 수인사를 하는, 나와 나 아닌 다른 내가 캥거루처럼 뱃속에 각각의 부재하는 나를 품은 채 키스를 하는, 극도로 조야하게 편성된 탁상공론의 뻘밭 같은 식탁 위에, 사랑을 하기 위해 헐값에 사들인 여자를 뉘어두고 있다. 오, 갸륵하구나, 성냄이여, 한 손엔 구닥다리 6鉉琴과, 오로지 6현금을 죽이기 위해서만 빛을 발하는 칼날을 다른 한 손에 움켜쥔 노인이 내게 말했다.

"성난 눈동자, 누군가 죽이기 위해 끊임없이 불거진 마디들을 조이고 있는 네 가냘픈 손가락들이 내 맘에 쏙 드는구나.

너는 결코 단 한 명의 사람도 죽일 수 없음을 내 알지만, 그 죽일 수 없음으로 너는 얼마나 많은 너들을 살해하였는가? 내가 주는 이것은 네가 다시 그 틀을 네 몸에 맞춰 짜고, 거기에 들어가, 전에 그 누구도 풀어내지 못했던 새로운 빛깔의 푸르름의 음색을 깨물고 네 병든 몸이 다시 태어날, 완전한 허무와 완전한 희망의 동굴이다. 그녀의 아리따운 몸뚱이는 네 건조한 입술을 물들이고 너의 보다 커다란 움직임을 위한 寶血의 젖통이자, 역동의 율동들을 가르칠 육신의 田畓이 되리라."

나는 노인에게, 안주머니 깊숙한 털오라기들의 푸석거림을 뜯어 건넸다. 여자는 紅玉의 백치스런 눈망

울을 굴리며 노인의 펑퍼짐한 바지 속에서 천천히 걸어나왔다. 여자가 있던 노인의 아랫도리가 벙, 뚫리며 식탁이 마련된 이 밀실로 우리를 끌어당겼다.

내 피워 없애는 담배, 담배 연기들의 담담하고 순결한 배율로 증폭되는 공기와, 공기의 살을 가르는 여자의 육중하나, 아무런 무게도 느낄 수 없는 거대한 움직임 속에서 나는 생애 최초로 모든 자유영, 평영, 배영, ——모든 泳法들의 조직적인 교환과, 그 절대무공의 浮力들을 익혔다.

없어짐은 얼마나 극명한 드러냄인가? 없어짐의 커다란 진공과, 허다한 진공들의 무한궤도적 흔들림의 여파로 생산되는 우주를 사람들은 새벽, 또는 黎明이라 부른다. 자유롭다는 건 또 무언가? 내가 가질 수 없는 것, 나 아닌 다른 것들도 가질 수 없는 것, 누구도 가져서는 안 되는 것, 누군가 가짐으로써 그 이름과 의미를 고의적으로 상실하는 것, 반사적으로 수천의 사람과 사람 사이를 피해 날으며 그들의 철책처럼 막힌 영혼에 가시를 잠식시키는 것, 自由여! 내 몸에 꽉찬 空洞을 뚫어주고 사라지는 無言의 그녀를 나는 그렇게 부르기로 하는 것이다.

靜한 止에 결박당하다

불, 나의 聖靈이란 간단한 것이다.

한국적인 게 입맛에 맞지 않아 나는, 한국 속의 다른 한국의 사원을 건설하고자 한다. 입맛, 내 혀끝이 조장하는 온갖 부당한 감각들을 태평양과 잘 납득할 수 없는 지중해와 흑해와 홍해, 그 명백한 색깔들의 담금질을 거쳐 울퉁불퉁 중심이 없는 성찬을 마련한다. 그 속에서 골라먹기란, 막 해독을 끝마친 책장 다음에 진실될 것!

다시 없이 淨한 이성의 뱃가죽을 나는 과시하리라.

미식가의 식탁이란 동서양의 구분을 망각한 망나니 神의 배설물의 場과 같을 것이다. 火焰과 華嚴이 어떻게 다른가에 대해 나는 고찰해보지 않았다. 고답적인 한숨 소리들이여, 섹스의 타락을 호도하고 자신들의 늙음을 봉화로 흔들어대는 노인들에게 가끔씩은 나를 팔기도 할 것이다. 그들이 나의 성장에 아무런 기여도 하지 못했다는 것을 알기에, 나는 그들의 귀여운 백발을 붉게 물들일 것이다. 주름살들을 쫙악 펴 내 偃月刀의 부리 같은 발자국을 찍을 것이다. 그

때마다 성령은 한곳에서 머무르지 못하는 바람의 뒷덜미를 나꿔채리라.

  나는 거기에서 한참 동안의 죽음 같은, 靜止를 만난다. 늙음과 성장의 정지, 바람 以前과 바람 以後의 정지, 자살과 타살의 임무 교대, 주절거림에 미친 신도 정지한 文明에 대고는 아무런 말도 하지 못한다. 모든 정지를 계시하고, 인도하지만, 그것은 제 자신의 죽음의 완성에 진배없다. 정지의 영혼으로 어떻게 이승의 허물을 벗길 것이며, 정지한 두 발로 어찌 내세의 통로를 따라 쉼없는 순례의 습곡을 넘을 것인가? 정지의 철학과 정지로 양식화된 움직임. 불은 그 속에 있다. 정지를 불태우는 게 아니다. 지상 최고의 온도로 정지를 달궈, 정지가 제 멈춤의 능력으로 허공으로 정지되는 것, 다시 말한다. 불은 외부가 아니라, 내부에 있다. 들여다볼 수 있는 모든 내부의 더 내부에 있다. 불의 더 깊은 내부에는 무어가 들어 있는가? 불은 말한다. "나는 아무것도 하지 않아." 그것은, 그가 말하는 그 한마디는 실상 아무것도 말해주지 않는다. 아무것도 말하지 않는 것과, 아무것도 하지 않는 건 분명, 엄격하게 다르다. 조심하라. "아무 말도 하지 않아"가 아니다. "아무것도 하지 않아"이다. 언어의 손톱만큼한 한 끗발에 살해당한 목숨들이 역사에는 허다하게 있지 않았던가? 조심해야 한다. 무서운 건 언어에 의한 삼라만상과의 통로 트기지만, 더 무서운 건, 언어 이전에 묵묵부답으로 현재하는 사물들의 불가해한 표피들이다. 나의 성령이 바쳐지는 것. 아아, 슬픈지고, 불은 그러나 묵묵히 내 봉헌물에 잠식된 必殺의 언어들을 일그러뜨리고 제 살의, 그 아무것도 하지 않아 기름진 피륙으로 없애버리지 않나! 나는, 적어도 내가 되고 싶은 나의 모습은, 내가 가히 신적이라고 과도하게 환각하는 나의 성령은 그렇게, 초지일관, 우주의 거대한 정지 속에서, 영원한 정지에 바쳐지는 것이다.

韓國이여, 내 피를 놓아라

이제, 내 몸을 묶고 마음을 묶던, 요소요소에 감당 못할 옹이들이 살고 있는, 내 영혼의 헐은 거푸집들을 떼어내자.

나는 다시 루 리드를 듣는다. Satellite of Love. 내

출생의 조짐을 낳던 60년대식 사랑의 위성을 내 빈방, 꽉 찬 내면의 밀도로 팽창하는 허공에 띄우자. 내 골족과 이웃하고 있는 연산과 태종 이방원의 미친 혈흔들을 나는 탐식하리라. 왕족이 못 되는 자의 어설픈 자기 환멸의 광태라고? 그래, 욕을 하라. 가장 완고하게 제 종족들의 피값을 청구하는 학자들, 지식인들, 군인들, 무엇보다 탐욕스러운 예술의 야경꾼들이여, 그대들 영혼 등속 중, 가장 민첩한 예각으로 발산되는 육두문자를 내게 던져라. 완벽하게도 나는, 맞아 죽을 준비가 단단히 되어 있다. 한국이여, 태평양 한가운데로 꺼져드는 굽은 등이여, 그대의 발자취 속에도 발광하는 이성의 등줄을 식힐 知性史가 흐르고 있는가? 숱한 욕들의 아우성 속에서도 살아남은 나는, 살아남음의 가장 확실한 보루로써 이런 치졸한 反問의 탄환을 장전한다. 누구의 등돌림과, 누구의 권총이 더 빠른가? 결투의 양식으로서의 러시아는 미국보다 훨씬 신사적이었다. 종국의 궤멸은 그러므로 스스로가 주체치 못하는, 과도한 자기 연민에 이끌린, 자살인 것이다. 그런 민족에 속하지 않은 나를 벌하고 싶구나. 항상 적들을 면전에 두고, 환히 드러나는 속임수로, 결국에는 이기기 위해 존재하는 싸움, 뒤돌아보지 않는 선택, 그게 미국이다. 루 리드는 그 속에서도 스스로 속지 않기 위해, 모든 사람을 속이지 않은, 진정한 카우보이의 代父, 코니-아일랜드産 적토마를 이끌고 그대가 향하는 종국에서 나는 그대를, 그대의 영원한 외곽의 노래를 전수받고 싶네…… 후에는, 내 삶의 이후를 과녁으로 삼은 내 노래의 살에, 나의 심장이 꺼들려지며, 기어이 나는 수천 년 고통받아온, 앞으로 수천 년 더 고통을 당할 반도의 동남쪽, 바다와 육지가 만나는 붉은 흙더미 속에서 내, 끈적한 피를, 보리라.

結 言

그러나, 정말 그러나 나는, 그 모든 걸 용서하고, 받아드리리라.

반야바라밀의 지혜 속에서도 나를 읽어내지 못한다면, 아! 욕되어라. 관세음보살의 영험하게 찢어진 입귀를 내가 가질 수 없다면? 그래 한없이, 고래등처럼 탐욕스러워지자. 내가 겪어보지 못한 주색잡기의 너른 평원이 내 발끝에서 갈라져, 열린다. 해보지 않아도, 내 몸으로 행해보지 않아도 다 알 것 같던 선험의 미지의 塔을 내 구축하리라. 그곳에는 모든 바다가 일률적으로 흘러 내 발을 적시고, 하늘은 더 이상, 바다의 끝에 붙들린 바다의 피사체가 아닐 것이다. 더 많은 성실과 더 가혹한 질병을 내 가질 것이며, 대지를 적시는 빗물에게는 고밀도로 탄산화된 反轉의 기포들을, 寸陰을 내질러가는 바람의 팔뚝에는 그의 전리품들을 담을, 잘 주조된 침묵의 공명통을 내, 선사하리라. 진한 빛깔의 술들과, 새로운 의미 진단의 통로로서의 男色과, 내 본질의 텃밭에 거름을 뿌릴 지난한 女色을 겸비할 것이다. 나는 거기에, 내 삶이 한없이 망가지고 아름다워지는 타락의 순결에, 몸을, 던질 것이다.

절대적 無化와 절대적 淨化의 길.
내 시의 통로가 이만하면 독자 諸位들의 가슴을 덥힐 수 있을 거라고 생각하나? 곰삭은 경멸과 단순성에의 희구가 터널 속 자동차의 행렬처럼 일촉즉발로 번지고 있다. 그러나 敵들이여, 삶이 무섭다면 더는

다가오지 말라. 나는 악마의 가면으로 획득한 銃을 가지고 있다. 그것을 이제, 내가 낳은 무수한 적들의 미래를 향해, 또는 내 가슴속, 이제서야 여물어지기 시작하는 내 영혼의 창밖으로 내민다. 깨지느냐 마느냐! 고무 같은, 옛날의 그 배타적인 탄력으로 나의 창이 나의 탄환들을 내 입 속에 튕겨넣을 것인가? 아니면, 드디어 딴딴히 굳은 창의 입자들을 해체시키며 나를 향해 달려드는 그대들의 이마팍에 정통으로 쑤셔박힐 것인가? 이 마지막 카드는 자살인가, 타살인가? 아아, 나는 필생의 힘을 오른쪽 검지에다 몰아넣는다. 시퍼런 신열과 검붉은 혈맥들도 따라나와 힘의 속도에 증폭된 에너지를 투사한다. 깨지느냐 마느냐? 깨질 것이다! 아니, 깨지지 않을 것이다! 오, 정말 "아무 말도 하지 말 것"을. 아아, 나는 천천히, 그러나 발정난 개처럼 허겁지겁, 구릿빛의 방아쇠를 내 몸 쪽으로 끌어당긴다. 나는, 어떤 조작된 神話 속에서만 피가 도는 내 일생은, 모든 걸 완전 범죄의 투명한 성취 속에, 아무런 책임도 거들떠보지 않는 내 일생을, 살에 꼭 맞는 권총을 가지고, 초토 위에 色을 더하는, 더 아름다운 화산재의 윤곽 같은, 완전히 다른 몸으로 바꿀 것이…… 타닥! 그리고, 탕! 탕! 탕!

마지막 꿈

나는, 온순한 창녀처럼,
그 명백한 內外의 결론들에게
순종, 투항하리라
그게 죽음의 삶, 영원한 반복의
열쇠, 이리라

1996년 3월 8일
21시 05분

고양아, 더 이상 야옹거리지 않아도……

入滅이로구나, 더 갈 데가 없다
삶과 죽음의 명백한 두 집살이를 끝내고
나는 그 발이 푹푹 데워지는,
흙과 물이 반반 섞인 穀茶로
내 백만 리의 서성거림을 용두질시키는,
더 꺼져들어갈 곳 없이 깊숙한 墓穴에 갇힌다
비리고 유연한 속성을 숙달하라!
내 기분 나쁨의 俗設들로 무장된 여인들
나를 지옥이라 여기던 그녀들의 깔끔한 식탁에 뛰어올라
그녀들의 남자를 다시 먹고 그리고 몇 번
휙휙, 바람의 살점들을 떼내어
그녀들 매끄러운 뱃살에 내 묘한 몰골의 陰畵를 새기리
나비야, 나비야, 날지 못해 실크類의 날개를 키우는
더 이상 제 목소리의 목청을 주장하지 않는
벼락맞은 무디 블루스를 퉁겨라

兩性을 다 노린다

그게 몇 대의 스피커에 갇혀
더는 그 끝을 알아먹을 수 없는
'야옹' 소리의 암울한 진동일 뿐이더라도

나는 죽어야 한다

 어떤 啓示에 의해서가 아니다 어릴 적 꿈의 실현,
 나는 죽어야 한다 자조와 능멸을 뒤섞으면 그건
 그 자체로 처음 보는 어떤 힘이 된다 나는 죽어야 한다
 비가 쏟아질 것 같은 아침이다 비는 오지 않을 것이다

 폭풍과 뇌우의 숲속에서 나는 잠깐 길을 잃는다
 구름 다섯 조각이 벌리는 세상의 어둔 틈새, 나는
 비 맞은 꽃잎들의 피 비린 육성을 따라한다 목소리가
 피뢰침처럼 우레를 삼켜 나는 죽어야 한다

 속에다 불을 품고 사는 사람들도 있다 불은 밥이고,
 한 순갈의 영혼도 비에 젖지 않는다 죽지도 않는다 인간답게
 사는 건 점점 인간을 포기하게 만든다 내 소리치는 하늘이
 내 목젖을 금속으로 바꿔주기를 나는 기도한다, 죽

어야겠다고

  수천 수일 비가 내린 지구에 이제는 모든 물기가 마른다
  수천 수일 천둥 번개가 갈라뜨린 길의 틈새에서 붉은 꽃기둥 같은
  불이 솟는다 내 쇳덩이의 목청에서 칼침 같은 불꽃이 튄다 세상이
  망가진다 세상이 불끈불끈 제 속내를 폭파시킨다 나는 죽는다 아니, 정말 죽어야겠다

나를, 그대는

잊지 마세요 더 많은 걸 잊어야 할 때가 올 거예요
그대 기억 속에 피는 꽃이라고 말하진 마세요 더 크고 넓은
꽃잎들을 그대는 잊어야 할 거예요 난 그대에게 줄 게 없었어요
피도 눈물도 내 것은 하나도 없는 몸뚱이를 그대가 가졌으면

사랑한다고 말한 적은 없었지요 유일한 그대 사랑이고 싶었던
날, 없는 우주와 없는 바닷속에서 숨쉬려는 그대는 찾고 싶지
않았겠지요 세상 어디에도 나는 없어요 그대가 내 속에서 달아나
버리니 내가 또 있겠네요 없는 세상이 정말로 없어져버렸으니까

다시 올 거라고 믿어요 오지 않으면 어쩌겠어요 새들이 아침마다
내 방 창틀에 붙매어 우는데 무어라 답해드릴까요?

지난밤 악몽 속에서도
  그대는 멀쩡히 아침 출근을 하고 나는 다시 악몽의 꿀단지 속에
  빠져들어요 깨어나면 정오가 넘어요 점심 먹으러 가는 그대가, 아 없어요

  그래도 나는 아직 그대 꽃병 속에 박힌 봄꽃이에요 봄이 가도
  나는 안 가요 갈 데가 어디 있겠어요? 그대가 가지 않는데, 없는 우주
  없는 바다 한가운데 그대가 떠 있어요 아직은 죽지 마세요 내가 붙들어드릴게
  잊지 마세요 잊어야 될 더 많은 걸 들고 내가 그대 속에 살아 있으니

地下生活者의 詩

　병든 죽음과 병들지 않은
　삶 사이에서 한 올의 실수도 섞이지 않은
　바람이 분다 靑春은 죽음을 놓지를 않고
　죽음은 끊임없이 靑春 위에 천장마냥 드높은데
　廢品처럼 나의 靑春이 부스럭거리면서
　이곳이 지옥이야, 아무거나 덮고 꿈꾸어도
　발 밑에 수천 개의 신천옹 새끼들이 編隊로 꺼져드누나
　地下로 거처를 옮기는 것도
　죽음의 병의 완성에 기여하는 바가 그리 크지 않다
　가장 아름다운 것들의 뿌리와
　가장 추잡한 것들의 영혼이 그 속에 同棲하며
　나의 반쯤 들린 꿈과 옴버섯처럼 곤두선
　地下的 노래의 혈관이 무어라 웅얼웅얼 연기만 피울 뿐,
　땅속에 갇혀도 살아내는 힘이 죽음이겠는가
　나는 엉긴 잡초들의 神經으로 탄식한다
　그 속에서 다시 바람이 든다 물 찬 피리처럼 막힌 기억의 통로,
　실종된 가족들의 이름이 수증기로 피어오르고

수천의 운구들의 그러나 몇 안 되는 病名들을 수업하며
나는 노래의 끝의 가장 깊숙한 地平線으로 잠행한다
태양이 반쯤 산발한 혓바닥을 꽂은 거기에
땅 위로 솟은 나머지 절반이
아직도 하늘보다 할말이 많은
世界의 끝을 빨아당기는

새 벽

1

나는 어느 빗나간 臨終을 본다
동이 틀 무렵까지 종소리는 들리지 않고
종소리를 기다리다 조금 전에 죽은 사람들의
짧은 하소연과 기록되지 않은 유언,
먼지로 바람으로 흩어져 아직 죽음과는
거리를 두고 있는 내 면상을 후리고 지나가는
한 개의 아침, 얼마나 흉측한 몰골의 희망인가
 바다를 끼고 살아도 일평생 섬이 될 수 없는 늙은 항구처럼
 나는 곧 떠나보낼 것들 속에서만 완벽했다

2

치욕과 희망이 살을 섞는 동안
 여기는 음습한 교회, 한 어린 사제가 우리를 방으로 안내했다
 누군가 살벌한 흉몽의 끄트머리에서부터 막 뛰쳐나간 듯
 어지럽게 펼쳐진 이부자리, 우리 오랜 열정에 부푼 몸뚱어리들이

마침내 한 편의 불길한 꿈을 완성하고
떨어져나가는 몇 겹의 살점들을 움켜쥔 채 그대는
한줄 한줄의 물이랑들이 그대로 하늘로 오르는 바다로
살아서는 한 번도 가보지 못한 피멍 든 기억의 원시림 속으로
짐짓 최후로 살아남은 인간인 양 앙금앙금 기어가는 것이었다

3
죽음이 섬광처럼 지워진다

나의 일을 해야 한다 피에 물든 침실과
오랜 荒淫의 기억을 나는 세계의 한가운데로
몰아넣고, 한참 동안 쳐다본다
지워지지 않는다 나는 언제나 세계의 바깥,
세계여, 그대 부푼 눈길 속에 나를 가두지 마라
빛도 어둠도 내게는 없다 저문 하늘 한끝 검붉게
끄무러지는 죽음들의 습곡으로 나는 간다 나의 일과

죽기 위해 내가 이행하는 모든 생활들과 속살을 뒤집는
0살의 바다, 아무것도 하지 않는 내 일생의 커다란 외침과 함께

4

그대 죽음이 닻을 내린 바다에선
어떤 기억들이 끼룩끼룩 입 안 가득 물살을 깨물고
내가 사는 뭍으로 다가서는 것일까요?
알고 있나요? 내가 죽인 그대가 언젠가
폭풍우 속을 헤엄쳐 마지막으로 살길을 모색하던 그 새,
바로 먼 옛날의 나였음을
몇 번을 떠나고 몇 번을 다시 되돌아와도
기어이는 스스로의 가슴속에서 한 발짝도 떠나지 못하던
얼어붙은 고향이었음을

5

먼 잠 한 귀퉁이가 불타오른다

불안하게도 지난밤 나는 아무런 죽음도 만지질 못했고
　언제나처럼 죽음의 외곽에서 술에 취해 잠든 것이다
　濃霧처럼 녹아내리는 폐를 느낄 때마다 들쳐지는
　우주의 껍질 속에서 나는 웅얼거린다
　그대의 그대는 그대가 오리무중 헤매고 다니는
　그대 가슴 한복판, 썩은 종양으로 살고 있는 그대 자신!

　어리고 병든 사제여,
　네 쇠한 가슴을 뜯어 너의 길을 닦으라
　너의 일을 하라
　너의 그대가 먼 어둠을 돌아
　다른 어둠을 향해 걸어가고 있다
　늙고 차가운 태양을 굴렁쇠로 돌리며, 끝이 없는 耳鳴 속으로

기억 속의 그 정신병자는 아직도

경부고속도로가 뚫고 가는 기억 언저리에서 그 정신병자는 춤추고 있었지 뒤돌아보지 않는 게 좋아 기억은 일몰녘의 그림자를 끌고 나보다 한걸음 앞질러나갔지 길은 어디에도 里程標 따위를 심어놓지 않았지 어제의 태양과 오늘의 태양이 맞붙어 싸우는 곳에서 허연 바다가, 잠깐, 저짬 앞바퀴가 달아난 르망 승용차 뒷범퍼에 내 모가지가 근뎅거리고 있어 저만큼 나도 절름발이가 된 걸까……「바다」라는 시를 쓴 적이 있지 失明의 왼쪽 눈과 강철로 된 다리를 가진 그는 융단 같은 바다의 속살을 열고 자신의 비석을 건져올렸어 내 고향이 바다로 변한 건 그때부터였지 몸 속에서 가물대는 낚시찌 같은 꿈의 척추가 길바닥에 떠돌아다녔고 꿈은 팔딱이는 송곳이 되어 指紋이 죽은 내 발바닥에 꽂혔어 나는 파래 다발처럼 날리는 머리칼 풀어헤치고 바다 가운데서 춤추는 귀신이 되기도 했지 물결의 길다란 눈들이 둥글둥글 내 몸을 휘어감았어 육지에서 죽은 짐승들의 썩은 屍汁 같은 게 포말마다 배어 있는…… 그렇게 나는 다시 고향을 떠난다고 믿고 있는 거야 경부고속도로 상행선, 맨 마지막의 마지막 갓길 끝에서 潮

水처럼 밀려드는 고향, 그런데 그 정신병자는 아직도 춤추고 있을까

그 목숨의 시월

털털거리며 탈곡기 한 대 지나간다
추수가 끝난 벌판을 아이들은 내질러간다
새참을 먹으려 한 사내가 개울물에 손을 씻는다
아낙네들 머리에서 덜그럭거리는 그릇들이 자꾸
음식물을 흘려뜨린다 뱀도 개구리도 땅속 어두운
제 집들을 공사한다 이 가을, 나는 많은 것을 본다
아무것도 보이지 않는다 이건 가을이 아니다
나는 죽기로 작정했을 뿐이다

  가을밤은 꼭 허한 뱃속부터 물들이며, 검어진다
  나는 무색의 독극물을 찾는다 엄마에게 약 살 돈을 꾼다
  꾸어주지 않는다 아버지에게 간다 아버지는 명백한 가을이다
  노쇠한 강골을 번득이며 아버지가 발악한다 나는 도망친다
  사춘기 때 주워모은 낙엽 같은 시편을 읽는다 아무것도 안 읽힌다
  정말 시인은 종이 위에 시를 쓰지 않는다 중이 되거나

거세의 습속만을 전파하지도 않는다 시인은 말한다 죽을 때까지, 라고만

이 가을에 나는 오로지 죽고 싶다고만 한다 가을이기 때문이다
언제고 한번 가을인 적 없는 우리 마을과 내 기억과 내 죽음까지도
나는 지워버리고 싶다 어릴 때 본 마징가 Z 같은 건 아직도 내 우상이다
피가 붉은 인간을 나는 존중할 수 없다 그건 명확히 질서정연한
가을을 기다린다 한번 죽어 겨울, 봄, 여름 다음의 가을을 또
기다릴 순 없다 나는 내 핏줄을 부정한다 부정할 수 없다
어느 가을도 내 피를 갈취하지 않은 적 있던가?

또 그렇게 가을이다 푸른 하늘 저 끝에서 폭파되는
지구를 나는 상상한다 낙엽처럼 마을 사람들이 완전히 추수되어

폐허 위를 뒹군다 먼 하늘 끝에서 떠났던 아이들이 돌아온다
가을이다 정말 가을이 아니다 넓은 하늘 높푸른 그릇들이
죽은 어른들을 주워담는다 나는 살아 있다 그리고, 이제는 정말 죽을 수 있을 것 같다

항 구

항구에선 죽은 자들만 용감하다
곧바르지 못한 어깨와 수십 번 주저앉은
가슴을 이끌고 살아남은 인간들은
고작해야 발끝으로 몇 조각의 소금을 건질 뿐이다
여태껏 죽어보지 못한 아이들에 대해
파도는 어깨를 움츠리며 말한다
태어날 때 그들이 처음 배운 건
낚싯바늘에 걸린 물고기를 향해
눈을 부라리는 것과
푸른 꽃나무에 오줌을 흘려놓는 것이었다고

항구는 그렇듯 죽음을 완성한다
남편을 떠나보낸 가슴이 또 한번 출렁거릴 때면
남아 있는 여인은 나름의 삶을 계획한다
육지에서 살아남은 자들을 위해
더운 국밥을 끓이고
유리병 속의 密愛를 꺼내 읽듯
갓 낚아올린 물고기의 내장을 꺼내며
다시금 항구로 나갈 날을 기다리는 것이다
아이는 낳지 않은 채로

폭풍이 불 때 돌아올 남편의 썩은 시체를

죽은 자들이 항구로 돌아오면
사람들은 새로운 관습을 창조한다
짓물러진 시체 위에 검붉은 숯불을 피운 채
밤새도록 뜨겁게 달군 술을 마시고
부지깽이를 든 아이들이
썩은 진물들 긁어모아 낙서를 하는 동안
여인들은 일생 몫의 눈물들을 바가지에 퍼담아
바닷가로 뿌린다
죽음이여, 완벽하게 사라지라
그리고 다시는 돌아오지 말라

심한 돌풍이 일고
바닷물이 제방을 넘어들기 시작하면
사람들은 황급히 집으로 돌아가 문을 걸어 잠근다
숯불이 꺼진 항구에는
정열을 지우는 바람만이 덩그마니 내려앉고
술병 속의 술들은 한꺼번에 엎질러지며
아이들의 낙서는 흉하게 일그러진다

이곳에도 사람이 살아 있는가, 놀란 바람이 묻는다
 아니, 여기선 죽음만이 그들의 일생을 완성하는 법이네
 어깨를 곧추세운 파도가 높게 일렁이기 시작하고……

죽은 바다

1
나를 키운 건 바다였다
적어도 수천 마리의 새가 날고
천형의 지느러미를 매단 물고기들은
갯벌에서 죽어가는

그녀가 나타난 건 이른 새벽이었다 나의 희망은 그러나 삶은 계란을 씹으며 머릿속에서 바다를 꺼내 마셨다 쓰러질 때마다 뜯어먹어야 했던 햇볕은 죽은 자의 것이었다 남장 여인인 그녀는 아주 구체적으로 바다를 말렸다 물고기가 살지 않는 바다, 마스트를 걷어붙인 어선의 발꿈치에는 白髮의 죽음들만 묻어 있었다 半熟된 머리통이 질퍽이며 남아 있는 바다를 핥았다 그녀는 펄럭이는 책갈피 속에도 죽음을 키워두고 있었다 창문이 불타오르기 시작했다

내가 먹은 소금처럼 창백하고
계란 노른자 같은 죽음만이 그곳에선 확실하다고
그녀는 내 머릿속의 바다를 빼앗아
나를 불질렀다

2
나는 그녀를 본 적이 없다

그녀는 모든 걸 녹이고 말리고 불태운다
계란이 식도를 틀어막고 나는 그녀에게
굴복하는 것이다
사는 것이다
절대적으로 나는
바다엘 가보지 않았으므로

완벽하게도 나는
살아본 적이 없는 것이다

이런 還生을 꿈꾼다
──K에게

죽는 이 순간
모든 게 충일해진 나를
너는 처음으로 사랑하려고
애쓸지도 모른다
온갖 꿈틀거리는 근육마다에
는개 같은 달빛이 배어든다
너는 즉, "내가 저 달을 만들었어요"
내 손에 너는 죽기를 원하는 건지도 모르지
담벼락들을 휙, 긋고
바람은 내 삶의 맞은편 한가운데 멈춰 선다
어머니를 저 속에서 언뜻 본 것 같기도 해
피를 말리며 울던, 나를 낳으려고 두 눈과
세 개의 목숨을 질끈 감던, 뱃가죽이 공룡알처럼 부풀은,
나는 世紀前의 모든 공룡들을 먹고, 미쳐 태어났을 거야
죽는 이 순간
살아서는 한번도 나를 사랑하지 않은
네가 문득 내 앞에 있다
죽으면서 부표처럼 떠오르는 나의 발 밑에서

너는 점점 쌀알만해지고
어둔 땅에 이상하게 박힌 보석이 되고
죽기 위해 나는 너를 사랑했다
내가 아는 모든 것들 중에 가장 작은
하늘의 실수, 땅의 실수인 너의 작은 배꼽에서
그 차가운 울음의 습곡에서
뾰루퉁 튀어오르는 꽃,
아름다운 저주의 속살을

오 오

이제는 없다고 말한다
오오, 정녕 아무것도 없다고

지날 적마다 가슴께가 벙벙 뚫린
사람들을 본다 저기에
무어가 들어 있는가
오오, 정녕 아무것도 없다고

저녁마다 정육점에서
칼을 빌리는 사람을 알고 있나
둥그런 칼의 뱃속에서 자라는 식욕도
아직 자랄 게 더 많아야 할
내 어린 목숨도
먹어야 될 수많은 고기도
오오, 정녕 아무것도 없다고

없으니까 이제
없는 것조차 없으니까 뚝뚝,
떨어지는 그 없음의 빈 가슴의
피를 받아 마시니까
그러니까 다시 말해볼까

오오, 정녕 아무것도 없다고

다시 말할 게 있으니
다시 사는 것도 있을 거라고
벙벙 뚫린 가슴을 내밀고
사람들이 왁자지껄 소리지른다
잠결에 놀란 정육점 주인이
손끝마다 칼로 변한 어린 도둑이
둥그런 칼의 배를 가르고 나온
신명난 목숨들이
오오, 정녕 아무것도 없다고

또 말한다
아니아니 이게 말이 아닐 것이다
오오, 정녕 아무것도 없다고
정말정말 이제는 죽을 목숨조차 없다고
텅 빈 腦 속에서 일하는 없는 나를
오오, 정말 마지막,
나는 너를 꼭 한번 죽여보고 싶을 뿐이다

오오, 정말

너를 죽인 후, 다시 바다

길이 끝나는 곳에서 너를 다시 만난다
죽이려는 건 아니었는데
내 마지막 살들이 흔들리며 다시 바다,
瀕死의 넋이 물결 위를 떠돌며
너는 한 잎 꽃다운 피를 깨물었다
비가 내리고 있었다 다시 바다의
피가 되고 오물이 되는
내 마지막 살겨운 실수의 動線으로 퍼붓는 비,
너를 죽이는 나는
그 언제도 내 것이지 않았던
無念無想의 팔을 쳐들었다
빗물에 깎여 칼자루로 곤두선 팔 끝이
빗물이 여린 물고를 찔렀다
하늘 높은 곳에서
비는 핏물의 그림자,
파닥파닥 젖은 땅을 튀기며
핏물이 다시 없는 눈물의 잎사귀를 틔웠다
길과 길들이 그 아래에서 끊어지고
세상이 온통 피의 바다, 피의 속도로 내질러갔다
죽은 길들의 등피가 바다에 묶이고

하늘의 모든 물방울들이 줄기차게 땅을 뒤섞고 있었다
가슴 한가운데가 텅 빈 태양,
바다의 끝에서 끝끝내 바다가 되어버리는

바다와 노을이 섞여 피가 되는 곳,
다시 바다에서,
入棺과 再生의 절차가 다시, 거기서, 개진되었다

〈해 설〉

자궁과 죽음의 시학

장 은 수

 문득, 보들레르의 시를 읽다. 이 시인, 강정의 시를 읽다가 시집의 열(列)로 고개를 젖힌 순간, 마음이 그에게 기울어지다. 보들레르의 시들은 "오 괴로워라! 괴로워라! '시간'은 생명을 파먹고"(「원수」)와 "나는 아름다워라, 오 덧없는 인간들"(「미(美)」) 사이에서 길게 울고 있다. 그러니까 생명을 파먹는 시간의 흉폭함과 삶의 덧없음을 뛰어넘은 아름다움의 정령 사이에서. 거기에서 존재의 무화를 향해 질주하는 시간의 수평적 운동이 무의 존재화를 향해 뛰어오르는 예술의 수직적 운동과 얼마나 자주 밀고 당기는가. 그러나 자세히 들여다보라. 보들레르에게 생명을 파먹는 시간의 운동은 정말로 괴로운 것이 아니다. 그는 "오 괴로워라! 괴로워라!"라고 괴로움을 두 번이나 겹쳐 써 리듬을 만들어내고 있지 않은가. 이 중첩된 괴로움은 단지 괴로움의 점증만이 아니라 괴로움의 굴곡을 가리키기도 한다. 내려가면 반드시 올라가고, 올라가면 반드시 내려가게 되는 법, 그것이 리듬의 본질이다. 겹쳐 써 길게 늘어지는 괴로움의 그림자에는 이미 도약하는 빛의 흔적들이 녹아 있다. 고통을 겹쳐 씀으로써 그것을 긍정하는 힘, 이것이 바로 시의 힘이 아니고 무엇이랴. 보들레르의 시를 읽다가, 다시, 강정의 시를 읽다. 그곳에 죽음을 거듭 겹쳐 씀으로써 그것을 긍정하는 힘이 넘쳐나고 있다. 그러니 그는 천상 시인이다.

강정은 자궁의 시인이다. 그러나 그의 시에서 자궁은 많은 시인들의 시를 감싸고 있는 새로운 마이다스, 그러니까 그것에 닿기만 하면 모든 회색의 사물이 생명나무처럼 푸르러지는 근원 생명이 아니다. 그의 시에는 근원에 뿌리를 내려 죽음의 세상 속으로 투명하게 퍼져나가는 생명의 힘이 하나로 뭉친 곳은 존재하지 않는다. 누구에게나 은밀한 기억의 저장 탱크를 요청하던 시대는 이제 가버렸다. 등뼈 위의 솜털들을 긴장하게 하는 그러한 장소를 마음 저 깊숙한 곳에서 기르던 시대는 황지우와 기형도를 거쳐 유하와 김중식에서 끝이 났다. 더 이상 우리에게는 '하나대'도 없고, '지상의 방 한 칸'도 없을 것이다. 차라리 우리는 "망각 위에 놓여" 있으며, "망각의 문장 한가운데 결박당한다"(「잘 써지지 않는, 쓰고 싶지 않은 시」). 그렇다. 강정의 시에서 자궁은 망각의 저장소, "태어나면서 소실되는 것"의 저장소로서 존재한다. 그것을 강정은 '죽음의 움막'이라고 말한다.

이런 망각은 눈에 익다 나는 거기로 들어가본다

십수 년 피의 응결로 직조된 파인더와 플라스크를 나는 번쩍인다

십수 년 전의 죽음과 죽음 다음의 더 먼 과거를 나는 채취한다

내 오래 전 죽음도 있다 내 미래의 출생까지도 나는 본다 다만 보기만 한다

——「잘 써지지 않는, 쓰고 싶지 않은 시」 부분

미래에 출생이 이루어질 곳, 그곳에는 내 오래 전 죽음이 먼저 서까래를 놓고 있다. 죽음을 죽이면서 살아가는 것, 그것이 생명의 본질이 아니던가. 그러나 생명이 죽음을 죽이며 가느다란 관을 밀어내는 곳을 조금 더 들여다보자. 그곳은 따뜻한 피의 순환이 주기적으로 생명의 리듬을 공급하는 장소가 아니다. 그곳은 죽은 피가 응결되고 굳어 죽음의 문장들을 실어나르는 곳이다. 그곳은 모든 에로스의 힘을 거부하는 타나토스의 공장이다. 그렇다면 삶이란 타나토스의 힘이 밖으로 삐져나온 것일까. 강정의 시에서 삶은 죽음의 힘을 폐허의 세상 곳곳으로 퍼뜨리는 홀씨와 같은 것, 죽음이 잠시 거쳐가는 하나의 계단과 같은 것이다. 강정은 그것을 "일단 멈춤 → 잠정적 죽음 → 영원한 죽음"(「焦土에서」)으로 은유한다. 삶은 죽음이 영원한 죽음으로 돌아가기 위해 일단 멈춘 곳이다. 이러한 타나토스적 인식은 일찍이 기형도의 시에서 화려하게 폭발한 바 있다. 그러나 기형도의

시들이 질주하는 현대 문명의 끔찍한 속도 위에서 질식하는 죽음이라는 문명 비판적 요소를 많이 함유하고 있다면, 강정의 시들은 죽음이 영원한 죽음에 이르기 위해 질주하는 긴 시간의 띠 위에서 벌어지는 죽음과 재생의 회귀와 반복이라는 형이상학적 차원에 좀더 기울어져 있는 것처럼 보인다.

그러니 아무도 강정을 정신분석하거나 해석할 수 없을 것이다. 분석이나 해석은 근본적으로 타나토스를 뛰어넘으려는 에로스의 의지를 상상한 후에야 시작한다. 그러나 강정의 시에서 목소리를 높이는 것은 타나토스의 힘이 흘러 축축하게 죽은 피로 물들어 있는 자궁들이다. 강정은 말하려는 의지를 통해 죽음을 뛰어넘는 새로운 마이다스들처럼 목소리를 높이지 않는다. 그는 차라리 "죽음이 이 순간 다시 나를 낳아준다면"(「새들에게 띄우는 마지막 傳言」)이라고 말한다. 그것은 삶을 자신의 가랑이에 끼고 있는 죽음의 우주적 순환을 긍정하는 것이며, '저마다의 고유한 삶과 죽음'이라는 불멸의 의지를 부정하는 것이기도 하다. 강정의 시에서 고유할 수 있는 것은 죽음뿐이다. 죽음은 죽음들이 아니라 죽음인 것이다. 그렇다면 삶은 죽음의 씨방이 터지면서 대지에 내려앉은 죽음들일 것이다. 그러니 강정의 시에서 무엇을 분석하고 무엇을 해석할 것인가. 차라리 줄곧 삶을 뚫고 지나가는 죽음의 흐름을 따라가며 기록해야 하는 것이 아닐까. 강정은 말한다. 그것이 "죽음의 삶, 영원한 반복의/열쇠, 이리라"(「焦土에서」).

다시 죽음의 움막, 자궁으로 돌아가보자. 강정은 자

궁을 따로 어딘가에 감추어두거나 구겨넣지 않는다. 그는 자궁에 대해 드러내놓고 이야기한다. 모든 기원이 은밀하게 존재할 필요는 없는 것 아닌가. 강정은 "동사도 형용사도 아닌 물체를/나는 모든 문장의 한가운데 세워놓는다"(「잘 써지지 않는, 쓰고 싶지 않은 시」)라고 말하고 있다. 문장의 한가운데 단어가 아니라 물체가 서 있다. 이미 우리는 그 물체의 이름을 알고 있을 것이다. 그것은 죽음이며, 죽음의 움막인 자궁이다. 그런데 이 죽음의 자궁은 이중의 금줄을 통해 언어의 접근을 가로막고 있다. 그 중 하나는 죽음을 말할 수 있는 것은 죽음뿐이라는 죽음의 표현 불가능성에서 오고, 또 하나는 자궁을 들여다보는 것은 어머니를 범하는 것이라는 근친상간 욕망의 실현 불가능성에서 온다. 그래서 강정은 죽음의 자궁에 대해 쓰는 것이 "잘 써지지 않는" 시라고 말한다. 그러나 강정은 쓴다.

우우, 나는 개처럼 아름다운 일생을 꿈꿨다
태어날 때 다시 들어가고 싶은 자궁이 있었다고 기억된다
그건 일종의 신성 모독 같은 거라고 낡은 수첩들이 일깨워줬다
나는 그들을 버리고 혼자 자랐다　　　　—「우우」 부분

먼저 우리는 그가 "개처럼 아름다운 일생"이라고 말한 부분에 주목해야 한다. 나는 이 구절을 역설이나 비유가 아니라 사실 진술로 읽고 싶다. 물론 강정 시의 곳곳에 나타나는 아버지에 대한 공포와 증오가 어머니와

섹스하고픈 마음을 증폭시켰다고 읽어볼 수도 있으리라. 그것은 정신분석적 읽기이다. 그것이 아마 강정의 시들을 은밀하게 물들이는 도착적 섹스의 이미지들(가령 피의 이미지와 뒤섞여서 나타나는 사디즘, 여성 화자를 통해 은밀하게 보이는 성전환의 욕망)을 가장 잘 '설명'해 낼 수 있을 것이다. 그러니까 어머니와 섹스하고 싶은 마음이 억압되자 리비도가 도착적 섹스의 쾌락을 증폭시켰다고 읽는 것. 그러나 그게 아니다. "아름다운"이라는 시어에 밑줄을 그어보자. 그러면 그 줄 밑에서 물음이 끌려나올 것이다. 왜 개처럼 사는 것이 아름다운가. 개는 제 어미에게 제 동생이자 새끼를 배게 할 수 있다. 시인은 그것이 아름답다고 말한다. 그 다음 줄에서 시의 화자는 다시 자궁으로 돌아가고 싶다는 근친상간의 욕망을 품는다. 그런데 그것은 "낡은 수첩들"에 의해 제지된다. 그들은 그 욕망이 신성 모독이라고 말한다. 굳이 레비-스트로스나 바타이유를 들먹이지 않더라도 어머니의 자궁 속으로 들어가는 행위를 아름답다고 느끼는 욕망은 인류사에서 가장 엄밀하게 금지된 욕망임을 알 수 있으리라. 그러나 그 다음 줄을 읽어보자. "나는 그들을 버리고 혼자 자랐다"고 화자는 말한다. 인용된 부분에서 '그들'이라는 복수 지시대명사로 받을 수 있는 것은 "낡은 수첩들"뿐이다. 그러니 포기된 것은 '다시 돌아가고 싶은 자궁'이 아니라 "낡은 수첩들"이다. 수첩들은 이미 낡아버렸고 화자는 그것을 어딘가에 떨어뜨리기만 하면 되는 것이다. 이처럼 강정의 시는 정신분석적 읽기의 반대쪽에서 의미의 그물을 새롭게 짜고 있는 것처럼 보인다.

하지만 낡은 수첩들을 버리고 혼자 살아간다고 해서 곧 자궁으로 돌아갈 수 있는 것은 아니다. 자궁은 여성의 영토에 속해 있는 것이기 때문이다. 그 경계를 뛰어넘는 방법으로 남성들이 전통적으로 써왔던 방법은 폭력이다. 여성의 육체에 쾌락적 폭력을 가함으로써 남성들은 자궁 속으로 미끄러져 들어갔던 것이다. 강정의 시들이 한없이 끄집어내고 있는 섹스의 상징들은, 김언희의 시처럼 남성 중심적 사유를 지탱하는 문명의 구조들을 까발리는 데 동원되는 것이 아니라 '육체의 에로티시즘'을 통해 자궁으로 되돌아가려는 운동을 지원하기 위해서 동원된다. 그러나 바타이유가 지적하고 있듯이 이 육체의 에로티시즘은 순간적인 것이다. 그것은 일단 붙었다가 떨어지고 나면 한줌의 근육들만이 기억하는 덧없는 것에 지나지 않는다. 진정 자궁으로 돌아가기 위해서는 남성을 버려야 한다. 그래서 강정은 "양성(兩性)을 다 노린다"(「고양아, 더 이상 야옹거리지 않아도……」)라고 말한다. 이 양성을 다 노리기는 강정의 시에서 구체적으로 살과 피를 뒤섞어 새로운 개체를 개진시키는 살해 욕망으로 나타난다.

> 길이 끝나는 곳에서 너를 다시 만난다
> 죽이려는 건 아니었는데
> 내 마지막 살들이 흔들리며 다시 바다,
> 瀨死의 넋이 물결 위를 떠돌며
> 너는 한 잎 꽃다운 피를 깨물었다

비가 내리고 있었다 다시 바다의
피가 되고 오물이 되는
내 마지막 살겨운 실수의 動線으로 퍼붓는 비,
[………]
빗물에 깎여 칼자루로 곤두선 팔 끝이
빗물이 여린 물고를 찔렀다
하늘 높은 곳에서
비는 핏물의 그림자,
파닥파닥 젖은 땅을 튀기며
핏물이 다시 없는 눈물의 잎사귀를 틔웠다
길과 길들이 그 아래에서 끊어지고
세상이 온통 피의 바다, 피의 속도로 내질러갔다
죽은 길들의 등피가 바다에 묶이고
하늘의 모든 물방울들이 줄기차게 땅을 뒤섞고 있었다
　　　　　　　　——「너를 죽인 후, 다시 바다」 부분

　우리는 이미 죽음을 실어나르는 물의 위대한 힘을 알고 있다. 수없이 반복한 죽임의 움직임이 마침내 멈추어야 할 곳을 발견한 것이다. 「초토(焦土)에서」 같은 시에서 죽임은 "한 존재의 정확한 소멸과, 소멸에 의한 거듭남과, 거듭나는 새로운 죽음들과, 죽음으로써 교체되는 성(性)과 성(性) 사이의 병리학적 믹싱의 절차와, 그 약간 혼미한 마취제를 주사하는 성전도(性顚倒) 현상의 확고부동한 주체로서의 다른 삶과, 다른 풀, 다른 물고기를 먹고 일생의 과업을 이행하는 삶의 불연속적인 양성(兩性) 섹스 행위와, 그 부산물로서의, 팔과 다리가 허여멀건한, 지구와 은하계를 잇는 계단 가설공의 탄탄한 몸매를 다듬으리라"의 혼돈의 연속체 위에 배치된다. 이 혼돈은 단지 문장과 문법의 혼돈으로만 나타나는 것이 아니다. 그것은 죽여야 하는데 죽일 수 없음이라는 욕망의 혼돈이며 죽임과 죽음 사이에 끼여든 사유의 혼돈이기도 하다. 이미 나는 강정의 시에서 죽음만을 단수로 표기할 수 있다고 말한 바 있다. 그러므로 죽임은 죽음들을 통해 죽음으로 들어가기 위한 통로이며, "네 병든 몸이 다시 태어날" "완전한 희망의 동굴"(「焦土에서」)이다. 그러한 죽임의 움직임이 혼돈에 빠진 것은 죽임이 죽음을 낳지 않고 죽음들만을 낳기 때문일 것이다. 그것이 죽임이 처한 역설적 상황이다. 죽임으로써 너를 죽여도 내가 죽지 않으면, 죽임으로써 나를 죽여도 네가 죽지 않으면, 죽임은 끝나지 않고 돌아와 한없이 마음을 신산하게 하는 것이다. 그러나 우리는 이미 알고 있다. 죽음의 영토는 언제나 물결 뒤에 있다는 것을. 저승은 황천 건너에 있으며, 하데스의 땅은 레테의 강 건너에 있는 것이다. 그러므로 죽임은 우중천지(雨中天地)의 위대한 힘에 의탁해 일어나야만 한다. 인간의 길이 모두 끊어진 곳 바로 앞에 거대한 물의 저장소인 바다가 놓여 있다. 그리고 천지는 쏟아지는 물의 그물에 갇혀 축축하다. 이러한 물의 세상에서는 반드시 죽음이 냄새를 피우는 법이다. 게다가 죽임은 육체로부터 모든 물들을 끄집어낸다. "파닥파닥 젖은 땅을 튀기며/핏물이 다시 없는 눈물의 잎사귀를 틔웠다." 육체가 쏟아낸 피의 물들과 눈의 물들이 천지만물이 쏟아낸 비의 물들과 뒤섞여 바다의 물들과 합쳐진다. 누군들 마음속에 이러한 장면을 그려보지 않았으랴. "모든 물방울들이 줄기차게 땅을 뒤섞고" 있는. 이 뒤섞임은 남성도 여성도 아닌, 삶도 죽음도 아닌 일종의 중간 지대를 보여준다.

> 네 꽃잎들이 찢기며 찢어진 꽃잎들 낱낱이
> 내 만년 輪生의 틀 속에 숨는다 너무나 잘 숨겨지는 너
> 〔………〕
>
> 만년 동안 시들지 않는 이런 걸 나는 사랑이라고 했다
> 너는 내 혀끝에 머무르지 않는 너는
> 죽어 떠도는 어느 오랜 기억 위에 조용히 숨어 자란다
> 내 흘린 피들이 빛의 채찍에 길들여진다 오랫동안 너는 나다, 목련아　　　　──「목련아, 목련아, 목련아」 부분

만년을 반복하는 내 삶의 고통 속에 너의 죽음이 깃들여 "만년 동안 시들지 않는" "사랑"의 집터를 닦는다. 그 사랑의 집터에서 시의 화자는 나를 버리고, 내 성(性)을 버리고 새로운 나, 즉 나─너로 재탄생한다. 자궁으로 돌아가고자 하는 근친상간의 욕망은 이처럼 새로운 성인 나─너를 통해 실현된다. 이는 성의 한계를 시험하고 있는 새로운 세대의 담론에 강정이 생리적이든, 의식적이든 얼마나 민감하게 반응하고 있는가를 잘 드러낸다. 그러나 강정의 시가 이러한 제3의 주관성을 통해 말하려고 하는 것은 죽음의 집인 자궁의 언어이다. 그것은 다시 죽음에 대한 사유로 우리를 이끌어간다.

다시 한번 말하거니와 강정의 시에서 자궁은 "내 죽음의 움막, 내 출생의 바다인 양수"(「서기 2001년 아침, 나는 외출하지 않았다」)라고 할 때의 자궁이다. 즉 강정 시의 자궁은 생명의 집이 아니라 죽음의 집이다. 그것은, 최윤이 "어두웠겠지. 너는 먼 바다에 떠 있는 부표처럼 눈을 감고 하루종일 작은 밀썰물의 애무를 느낀다. 부표인 너는 멀리 갈 수 없고 멀리 갈 필요도 없다. 발이 바닥에 닿지 않는 깊이의 물 속에서처럼 당황할 필요도 없다"라고 쓸 때의 축축하면서도 따뜻한 생기가 소용돌이치는 자궁과 얼마나 멀리 떨어져 있는가. 그래서인지 강정의 시에는 "어린 새떼들이" 실어나르는 "술 취한 아버지들"(「극장」)에 대한 혐오감에 비하면, 특이할 정도로, 그 대립항으로서 따뜻한 모성에 대한 기억이 나타나지 않는다. 이것이 이미 모성마저 황폐해져버린 세상에 대한 본능적인 위기감을 표시하는 것인지는 확실하지 않다. 누군가는 그렇게 읽을 수도 있으리라. 자궁이 죽음의 집이라니!, 그럴 법도 하지 않은가. 그러나 그것은 그렇게 읽도록 내버려두어라. 중요한 것은 육체가 죽음의 집 속에서 삐져나온 것이라는 발상일 것이다.

자궁은 더 이상 근원 생명을 기르고 있는 생명의 집이 아니다. 그곳에는 "역한 감각을 발산하는"(「불안스런 것들」) 죽음의 물결이 흐르고 있다. 이제 원초적 기억의 저장소인 자궁은 허수경의 시에서처럼 환하고 아프지 않고 어둡고 역겹다.

 자궁을 어둡다고 생각하는 게 왜일까, 를 나는

청춘과 죽음이 맞붙은 자리에서 두 몸이 다
끝도 시작도 없는 안 보이는 여자들의
깊은 샘 속으로 가라앉는 때문이라고 여긴다
                ——「I'm Waiting for the Man」 부분

  자궁은 어둡고, 그곳에는 청춘과 죽음이 맞붙어서 가라앉고 있다. 그것은 모든 시체들의 저장소이다. 모든 섹스는 타락과 죽음의 징후라는 장정일의 욕망 시학이 다시 은밀하게 부활한 것이다. 섹스를 통해 자궁 속으로 밀려들어가는 것은 새로운 생명의 씨들이 아니라 이미 탕진된 욕망들, 머리가 붙어버린 젊음과 죽음의 시체들이다. 그러한 생각은 "사랑하는 여자를 만나다, 내 일생이 통과하는 여러 길들에 나는 그녀를 / 묻는다 입관은 그녀의 순리이다 나는 그녀의 자궁 속에 나의 길을 관통시킨다"(「不二——영화 이야기」)에서처럼 자궁을 사랑과 죽음이 겹치는 장소로 상상하는 것에서도 잘 드러난다. 그렇다면 우리를 만들어낸 장소는 근원 생명이 아니라 근원 죽음이라는 말인가. 우리는 정녕 늘 "죽음을 껴입고"(「극장」) 있단 말인가. 강정은 그렇다고 말한다.

  에로스가 죽음을 낳는 곳에 강정은 자기 시의 텃밭을 펼쳐놓았다. 그 텃밭에서 싹을 틔우는 것들은 모두 죽음의 부정형들이 아니라 죽음의 잠재태들로 존재한다. 우리는 강정의 시에서 "죽음의 삶"(「焦土에서」)이라는 이상한 악순환과 마주친다. 죽음은 일단 멈춤을 통해 죽음의 삶을 낳고, 죽음의 삶은 다른 죽음의 삶과 마주치면서 죽음의 집 속으로 죽음의 삶을 되돌려보내고, 죽음은

죽음의 삶을 받아들여 새로운 죽음의 삶을 낳고…… 이 악순환을 강정은 윤생(輪生)이라고 부른다. 그것은 생로병사의 고통을 말하는 불교의 윤회관과 닮아 있다. 이 악순환의 뒤엉킨 끈을 잘라버릴 수 있는 방법은 죽음들로 살아가는 죽음의 삶을 영원히 죽음에 되돌려주는 것뿐이다. 여기서 '에로스가 타락할 수 있는가'라는 문제는 접어두기로 하자. 생명의 약동인 에로스의 힘이 타락해 죽음의 대장장이가 되어 있는 한 불사(不死)가 아니라 불생(不生)을 꿈꿀 수밖에 없지 않은가. 그러나 그것은 얼마나 불안한가. 강정의 시를 파먹어가고 있는 불안의 힘은 새로운 밀레니엄의 공포가 불러일으키는 불안과는 다른 종류의 것이다. 그것은 죽음의 불안이다. 강정은 쓴다.

　　내 불안의 명확한 근원과 그 체계적인 역사를 구술하리라
　　내 낡은 침실의 공기를 너는 타주하라 국적과 역사가 끝나는 곳에서
　　난 네 죽은 얼굴을 볼는지도 모른다 〔……〕
　　　　　　　　　　　　　　　　　　　　——「프란츠 리스트」 부분

그의 시선은 불안을 향해 있다. 때로 그것은 불안의 뿌리를 향해 미끄러지기도 하고 뻗어나온 불안의 줄기를 따라가기도 한다. 하지만 우리는 '——하리라'라고 말하는 그의 어투에 주목해야 한다. 아직 무언가가 시작된 것이 아니다. 그것은 이제부터 불안의 근원과 그 역사를 구술하리라는 의지 미래의 형태로 나타나고 있는

것이다. '내가 쓴다'는 이 순간은 아주 미래에나 나타날 어떤 것을 위한 예비 시간의 형태로 존재한다. 그런데 그 예비 시간은 이미 미래 시간을 함축하고 있다. 쓰는 손과 쓰게 하는 마음은 이미 모든 것을 아는 것이다. 미래에 나타나게 될 것은 불안의 명확한 근원, 즉 죽음이다. 그러니까 죽음은 불안의 근원이자 역사이며 종말이기도 하다. 죽음이 알파와 오메가의 자리에 위치해 불안의 천조각을 짜나가고 있는 것이다. 불안은 죽음의 늪에서 자라나는 억새풀 같고, 죽음은 불안의 뿌리를 질식시켜 썩이는 늪과 같다.

다시 태어나지 않으리라는 불생(不生)의 욕망은 사실 죽음의 잠재태로서의 삶을 살지 않으리라는 재생(再生)의 욕망과 겹쳐 있다. 그러나 강정의 시에선 모든 것이 불투명하다. 그것은 내가 쓴다는 이 움직임을 아득히 멀리서 미래 시간의 형태로 끌어당기고 있기 때문일 것이다. 죽음만이 죽음을 말할 수 있다는 죽음의 표현 불가능성을 강정은 이 미래 시간의 형태 속에서 부정하고 있는 것이다. 그것이 그를 죽음의 언어에 대한 좀더 깊은 사유로 이끌고 갈지, 아니면 언어의 죽음으로 이끌고 갈지는 알 수 없다. 하여튼 그는 다음과 같이 말하고 있지 않은가. "할 일이 있다 그러나 그게 죽음이라는 소리는 아직 아닐 것이다"(「시간의 얼굴」)라고.

사실 죽음에 대한 사유는 더 이상 낯선 것이 아니다. 저 「공무도하가」에서부터, 또 월명사의 「제망매가」 이후 그것은 내내 우리 시의 뚜렷한 줄기를 이루어왔지만 '기형도 이후'라는 새로운 빗금을 그어야 한다고 생각할 정도로 최근 우리 시는 죽음의 상상력이 끓어넘치고 있다. 『불온한 검은 피』의 허연이나 『죽은 자를 위한 기도』의 남진우나 『말괄량이 삐삐의 죽음』의 윤의섭 등은 그 작은 물결에 불과할 뿐이다. 수많은 시인들의 시가 알게 모르게, 이광호가 '검은 나르시시즘'이라고 부른 죽음의 상상력에 감염되어 있는 것이다. 거의 비시(非詩)의 형태로 풀려 있는 강정의 시가 그나마 마음의 줄들을 끌어당겨 시적 긴장을 만들어내는 것은 이러한 죽음의 상상력을 자궁 속까지 급진화하고 있는 부분에서이다. 나는 그렇게 생각한다. 사실 강정의 시가 특히 뛰어나다고 한다면 그것은 거짓말일 것이다. 하지만 그의 시가 가능성이 큰 시라고 한다면 나는 고개를 갸웃거리지는 않을 것이다. 그는 아직 스물다섯 해밖에는 살지 않았다. 나는 강정이 시란 "살아서 죽음을 보여주는 것"이라고 하면서 "죽음을 살아낼 테야"(「당신을 만난 이후로」)라고 쓴 것을 기억한다. 그렇게만 된다면 어떠한 죽음도 그를 가로챌 수 없을 것이다.